W0312414

Mon combat

Mona Jafarian

Mon combat

Stock

Maquette de couverture : Anaïs Génot
ISBN : 978-2-234-09822-0

Sommaire

Introduction

Je suis née à Téhéran, en Iran, le 5 septembre 1982 dans une voiture. Et pas n'importe laquelle, une Peykan. Voiture emblématique, en Iran, du constructeur national Iran Khodro. J'ai donc commencé ma vie de manière particulièrement originale et très iranienne.

Trois ans et demi avant ma naissance, l'Iran avait basculé dans l'obscurantisme. Un pays jusque-là moderne, offrant l'égalité des droits entre les femmes et les hommes, un pays où les femmes ont pu voter sept ans avant les femmes suisses, où elles avaient le droit d'avorter et la liberté de se vêtir comme elles le souhaitaient, sombrait subitement dans l'islamisme. L'alliance des révolutionnaires marxistes, communistes et islamistes a fait plonger un pays éclairé et prospère. L'ayatollah Khomeini prenait alors le pouvoir et instaurait la première république islamique au monde après avoir poussé le shah à l'exil. Il s'était inspiré de l'idéologie des Frères musulmans et du nazisme, en grand fan d'Hitler qu'il était, pour concevoir son régime de terreur dans lequel la charia allait faire office de loi.

Des dizaines de milliers d'Iraniens furent exécutés, massacrés, emprisonnés, dont mon oncle paternel, Mahmoud Jafarian, qui était vice-président au parlement du parti Rastakhiz, fondé par le shah lui-même. Il était également directeur de la radio et télévision nationale (l'équivalent de France Télévisions). Son exécution a été ordonnée par l'ayatollah Khalkhali, l'un des plus grands criminels de l'histoire de la République islamique. Il a été fusillé le 13 mars 1979, dans la tristement célèbre prison d'Evin.

Mon père, chef d'entreprise et industriel, a rencontré ma mère un an après. Je suis née deux ans plus tard, en pleine guerre entre l'Iran et l'Irak. C'est lors de la deuxième grossesse de ma mère, en 1983, que mes parents ont pris la décision de quitter l'Iran pour échapper, d'une part, à la barbarie de la République islamique, et, d'autre part, à cette guerre meurtrière déclenchée par Saddam Hussein.

J'avais de la famille aux États-Unis et en France à cette époque. Mon père étant un grand adorateur de la culture française, et notamment de Victor

Hugo, préférait Paris à Philadelphie, Los Angeles ou Miami, où résidaient déjà mes cousins. C'est donc enceinte de sept mois et avec une enfant de moins de deux ans que ma mère est arrivée, seule, en France, mon père ayant promis de nous rejoindre plus tard. Elle ne maîtrisait ni la langue ni la culture. Arrachée à son pays natal où, quelques années plus tôt, elle était libre, jouissait des mêmes droits que les hommes et y avait même été élue Miss.

Mon frère est donc né, lui, en France, le 29 janvier 1984, et mes parents lui ont donné le même prénom que celui de mon oncle fusillé. Prénom qu'il changera plus tard, victime de moqueries en primaire, pour un prénom plus occidental, Maximilien.

Nous nous sommes installés en région parisienne, et jusqu'à l'entrée en maternelle je ne parlais que le persan. J'ai appris le français à l'école, au contact des autres enfants. J'ai d'ailleurs dû, durant toute ma scolarité, me débrouiller seule pour les devoirs et les cours, mais également aider mon frère. Quand vous êtes enfant d'immigrés, c'est à vous d'aider vos parents à apprendre la langue du pays d'accueil. Mais cela ne m'a pas empêchée d'être une bonne élève et, plus tard, d'obtenir un diplôme d'école de commerce à l'Institut supérieur de gestion. Cela n'a pas non plus empêché ma mère de travailler quelques années plus tard, de créer sa société de grossiste en tapis persans et de nous offrir un train de vie plus que confortable.

Je parle beaucoup de ma mère, car mon père, lui, contrairement à ce que mes parents avaient décidé, n'est jamais venu vivre en France. Il ne pouvait se résoudre à abandonner son pays, ses entreprises et ses usines, sa famille restée là-bas. Il ne se voyait pas, à plus de cinquante ans, reconstruire une vie dans un pays dont il ne maîtrisait ni la langue ni la culture. C'est ainsi que j'ai passé ma jeunesse à faire des allers-retours entre mon pays d'adoption et mon pays natal. Je n'ai jamais coupé les liens avec l'Iran. C'est peut-être une des raisons de mon engagement, cet attachement viscéral à mes racines et à mes terres, où j'ai tant de souvenirs.

J'aimais me rendre en Iran durant les vacances pour y retrouver mon père et ma famille, pour revoir mes amis, pour faire du ski ou du tennis, pour me balader dans Téhéran, visiter le pays et y passer du temps. Mais tout devient plus compliqué à mesure qu'on grandit et qu'on devient une femme. Plus les années passaient, plus je réalisais le gouffre abyssal qui séparait mes deux pays. Je mesurais la chance que j'avais de vivre dans un pays libre et démocratique. Porter le voile de force, se faire arrêter par la police des mœurs, ne pas pouvoir faire de sport ou aller à la plage (hors horaires réservés aux femmes, c'est-à-dire trois heures par jour et surveillée par des chouettes en tchador noir), voir les copains en cachette, célébrer des mariages clandestinement… c'est un autre monde. Plus je grandissais, moins je désirais m'y rendre. Aller en Iran, en tant que femme, à dix ans ou à vingt ans, c'est très différent.

Nous avons commencé à espacer nos voyages dès mes dix-huit ans. Nous n'y allions plus chaque année, mais une fois tous les trois ou quatre ans. Mon père venait plus souvent nous voir. Nous faisions venir mes grands-parents à Paris, ou nous les rencontrions en Turquie, parce que c'est l'un des rares pays au monde où les Iraniens peuvent se rendre sans visa. Je vivais très mal le manque du pays, mais devoir supporter toutes ces lois liberticides et se faire arrêter pour un vernis rouge ou une mèche de cheveux me devenaient insupportables.

Lors des révoltes de 2009 en Iran, qui furent appelées « le mouvement vert », à la suite de l'élection frauduleuse de Mahmoud Ahmadinejad face au candidat choisi par le peuple, Moussavi, j'ai suivi avec ma mère les événements à la télévision, sur les chaînes d'opposition qui émettent depuis le Royaume-Uni ou les États-Unis.

Des millions de personnes avaient envahi les rues en scandant : « Où est mon vote ? », je me souviens à quel point les violences commises sur les manifestants m'avaient marquée. Le régime massacrait les gens dans un silence déjà assourdissant de la communauté internationale. Je me rappelle que j'étais révoltée. Les étudiants étaient balancés vivants depuis les toits des universités, les *Sepahi* et *Bassijis* (corps de gardiens de la révolution islamique) tiraient à balles réelles sur la jeunesse. Tout cela me rendait malade. Les voir mourir par milliers juste pour avoir demandé le respect de leur vote m'était insupportable. À cette époque, les Iraniens pensaient encore que des réformes étaient possibles, qu'un président dit « réformateur » pouvait améliorer leurs conditions de vie. Mais les années leur ont prouvé que, conservateurs ou réformateurs, rien ne change, ni la cruauté du régime, ni la corruption, ni l'incompétence. Tout ce qui compose la République islamique ne sème que la mort, la destruction et la faillite.

La République islamique est dirigée par une seule et unique personne, l'ayatollah Khamenei, le guide suprême, qui a succédé le 4 juin 1989 à Khomeini. Plus de 80 % des pouvoirs sont entre ses mains, et il dispose d'une milice paramilitaire, appelée les gardiens de la révolution islamique, qui détient près de 60 % des richesses du pays.

Ces gardiens sont chargés de « préserver la révolution » en imposant la terreur dans le pays et en permettant l'expansion du régime et de son idéologie dans les pays du Proche et du Moyen-Orient par l'intermédiaire des proxys terroristes, comme le Hezbollah, le Hamas, le Jihad islamique palestinien, les Houthis, les milices chiites en Syrie ou en Irak.

Le président n'est qu'une marionnette du régime. Tous les candidats aux élections présidentielles doivent être validés par le guide suprême. Et ils n'ont que très peu de pouvoir. En Iran, contrairement à ce qui est dit dans les médias, il n'y a pas de conservateurs ou de réformateurs, il n'y a que la République islamique d'Iran. Ni les exactions, ni la répression, ni la corruption et encore moins l'islamisme ne varient entre ces pantins.

Les révoltes qui ont suivi dans le pays ont commencé à mener à des revendications de plus en plus claires de la part du peuple, lequel montrait plus ouvertement sa volonté de voir disparaître la théocratie des mollahs. En 2019, les Iraniens s'étaient massivement soulevés, officiellement contre « la vie chère » à la suite de l'augmentation fulgurante du prix de l'essence, mais les slogans appelaient déjà à « la mort du dictateur et de la République islamique ». Comme toujours, la révolte populaire a été réprimée dans un véritable bain de sang. L'expression « Novembre sanglant » sera même utilisée lorsque le régime coupa Internet pour massacrer plusieurs milliers d'Iraniens à huis clos. On estime qu'entre 1 500 et 3 000 manifestants ont été tués dans les rues en l'espace de quelques semaines, et des dizaines de milliers emprisonnés et torturés.

La révolution Femme, vie, liberté n'est donc que la suite de toutes ces tentatives de la population iranienne pour en finir avec Khamenei et son régime. La mort de Mahsa Jina Amini a été le déclencheur de toutes ces colères accumulées post-Covid.

Durant la pandémie, l'Iran a été le pays du Moyen-Orient le plus durement touché. Plus de 6,6 millions de personnes infectées et près de 140 000 morts, en grande partie dues à l'incompétence et à l'inaction du gouvernement (selon la World Health Organization). Les chiffres réels sont d'ailleurs beaucoup plus élevés, de l'aveu même de certains responsables iraniens.

Le monde a découvert l'opposition du peuple iranien à la « mollahrchie » après la mort de Mahsa Jina Amini, mais en réalité le peuple iranien se bat depuis toujours contre ceux qu'il considère comme des occupants.

Le mouvement Femme, vie, liberté était inédit, car il partait de la mort d'une jeune fille et qu'il était porté par les femmes iraniennes, soutenues par tout un peuple. Il s'étendait dans toutes les villes du pays, dans toutes les classes sociales. L'Iran était uni et déterminé à faire tomber la République islamique. L'onde de choc a gagné la diaspora, moi y compris. C'est ainsi qu'a commencé ce nouveau chapitre de ma vie.

Je suis devenue, du jour au lendemain, activiste. Et c'est mon aventure durant ces deux dernières années que je vous propose de découvrir pour vivre mon expérience franco-iranienne de la révolution Femme, vie, liberté.

Chapitre 1

Le jour où tout a basculé

Nous sommes le 16 septembre 2022, il est 15 h 45, heure de Paris, et 17 h 15, heure de Téhéran. Ma mère, alors en Iran depuis près d'un an, m'envoie un message WhatsApp : « La fille est décédée. »

Mahsa Jina Amini, vingt-deux ans, arrêtée et battue quelques jours plus tôt par la police des mœurs pour une mèche de cheveux dépassant de son voile, venait de mourir à l'hôpital alors qu'elle était plongée dans le coma.

Je ne le savais pas encore, mais ces quatre mots de ma mère allaient changer le cours de ma vie.

Je venais de fêter mes quarante ans, entourée de tous mes amis. J'avais enfin trouvé une prise en charge adaptée pour ma fille aînée, Panthea, porteuse d'un handicap lourd, après huit mois d'un combat intense et épuisant. Les vacances venaient de se terminer, et j'allais enfin pouvoir souffler après une année particulièrement difficile.

Ma carrière se portait bien, j'étais décoratrice d'intérieur et créatrice de contenu. On peut aisément dire que, malgré les épreuves de la vie, j'étais heureuse avec mon conjoint et mes deux filles. Mais la mort de Mahsa Jina allait venir tout bouleverser. Je ne peux pas expliquer pourquoi sa mort a déclenché une telle réaction en moi, mais ce dont je suis sûre, c'est que l'effet a été le même chez la grande majorité des Iraniens. Le fait que deux journalistes femmes, Elaheh Mohammadi et Niloofar Hamedi, risquent leur vie pour informer les gens sur la situation de Mahsa, qu'elles diffusent les photos de sa famille apprenant sa mort a joué pour beaucoup. Elles seront d'ailleurs incarcérées durant plus d'une année, placées à l'isolement total, pour avoir fait leur travail de journalistes.

Chacun de nous a pu voir cette vidéo bouleversante de Mahsa Jina, dont le corps sans vie était poussé sur un brancard au milieu d'une haie d'honneur d'infirmières, qui déposaient sur elle des fleurs. Et puis, surtout, l'embrasement a été tel que, dès les premiers jours, il était indéniable que ce n'était pas qu'une révolte passagère.

Ma mère, qui se trouve alors dans un appartement à Téhéran, à quelques mètres de l'hôpital de

Mahsa Jina Amini, m'envoie des notes vocales sur WhatsApp pour me dire que les gens affluent en direction de l'hôpital, que la tension monte et que les milices de la République islamique commencent à boucler le secteur pour éviter toute contestation.

Je ne réalise pas encore, dans les premières heures, ce qui est en train de se jouer. J'écoute ma mère, mais je suis loin. Ici, les médias n'en parlent pas encore. Et des assassinats perpétrés par ce régime sanguinaire sont monnaie courante. Depuis l'instauration de la République islamique en 1979, le régime n'a eu de cesse de torturer, pendre, mutiler, violer, assassiner hommes, femmes et enfants pour se maintenir au pouvoir. Des dizaines de milliers d'Iraniens ont perdu la vie. Pas une seule famille n'a été épargnée.

Connaissant mon tempérament engagé, ma mère prend la précaution de me dire de ne surtout pas en parler sur mes réseaux sociaux, où près de 100 000 personnes me suivent, car cela pourrait la mettre en danger dans le pays. J'ai effectivement l'habitude de me servir de mon audience pour alerter et passer des « coups de gueule » sur tous les sujets qui me tiennent à cœur : les violences faites aux femmes, l'abandon des enfants en situation de handicap par les pouvoirs publics, le racisme, les viols et l'inceste sur les enfants, mais aussi la condition des femmes en Afghanistan, les massacres en

Syrie, la situation effroyable des Ouïghours, et, bien sûr, parfois aussi, l'Iran.

Le 18 septembre, elle m'annonce qu'elle a pris un billet retour pour le 30. Elle est en Iran depuis plus d'un an pour régler quelques affaires personnelles et passer du temps avec sa famille.

Durant ces deux jours qui ont suivi l'assassinat de Mahsa Jina Amini, le pays s'est embrasé. La mort de trop. Des manifestations monstres éclatent dans toutes les villes. Le Kurdistan, d'où était originaire Mahsa Jina Amini, est en feu. Les gens sont en colère. Les slogans sont limpides : « Mort à Khamenei ! À bas la République islamique ! »

Le régime est pris de court et prend peur. Khamenei déploie toutes ses forces armées dans les rues avec comme seul mot d'ordre : « Tuez s'il le faut, mais faites cesser les manifestations. » Effectivement, les annonces concernant la mort de jeunes pour la plupart âgés de quinze à vingt-cinq ans s'enchaînent, et la foule est de plus en plus nombreuse à envahir les rues. Ce sont quarante-cinq ans de colère contre la République islamique qui jaillissent.

Très vite, les jeunes femmes retirent leurs voiles et les brûlent. Les gens scandent « Femme, vie, liberté », un slogan originaire du Kurdistan, en hommage aux origines de Mahsa Jina. Les jeunes organisent de grands brasiers, et les jeunes femmes dansent et jettent leurs hijabs dans les flammes.

C'est l'étendard de l'oppression islamique qu'elles ont décidé de détruire, c'est le symbole suprême de l'apartheid sexuel qu'elles subissent qu'elles veulent faire disparaître. Elles veulent briser la colonne vertébrale de l'idéologie des mollahs, qui a toujours utilisé le voile pour les invisibiliser et tenter de les soumettre, en vain. L'objectif est clair : renverser le régime et provoquer la chute de l'ayatollah Ali Khamenei.

C'est une certitude pour moi, notre révolution est née et elle ne s'arrêtera plus jusqu'à la victoire. Le pays est uni et crie d'une seule voix en appelant à la mort de la République islamique et à la fin de l'ayatollah Khamenei.

Ma mère m'envoie les vidéos des médias d'opposition iraniens basés à Londres, que les gens captent en Iran par l'intermédiaire des paraboles clandestines. Je m'abonne à tous les comptes Instagram diffusant des images de l'Iran pour suivre les événements en direct. Je ne dors plus, je suis coupée de la réalité du quotidien. Je ne fais que suivre l'actualité minute par minute dans le pays. Je ne peux pas décrocher des informations iraniennes. Je pleure, je me prends à espérer, je me mets dans des rages folles face aux massacres, je suis gagnée par l'espoir de voir mon pays libéré de ce régime sanguinaire. Je suis traversée par mille sentiments contradictoires.

Je ne suis déjà plus Mona, la décoratrice d'intérieur qui partage son quotidien sur les réseaux sociaux, mais la Franco-Iranienne qui doit faire quelque chose pour aider. Cependant, je dois encore rester silencieuse parce qu'une prise de parole de ma part sur les réseaux sociaux provoquerait l'arrestation immédiate de ma mère là-bas. Je suis condamnée à attendre et à me taire. Moi qui prends toujours la parole pour alerter, informer et interpeller sur toutes les injustices qui me touchent, je me retrouve à devoir être muette devant les atrocités commises par les milices armées du régime, mais surtout devant le courage de ces jeunes dans les rues.

Les jours qui suivent les annonces se succèdent, nous apprenant la mort de jeunes dans des conditions atroces. Le 20 septembre, Nika Shakarami est assassinée. Elle est, quatre jours après Mahsa, le deuxième visage à marquer le pays. Elle n'a que seize ans. Son corps a été retrouvé au pied d'un immeuble. Une vidéo d'elle chantant *Soltane Ghalbe*, une ancienne chanson iranienne connue de tous, deviendra virale. Cette chanson est désormais la sienne dans le cœur de tout un peuple.

Ce jour-là, Nika a été pourchassée par les miliciens du régime habillés en civils, les *lebass sharkhsi*, parce qu'elle manifestait dans la rue et et brûlait son voile debout sur une poubelle. Les agents l'ont traquée dans les rues et l'ont rattrapée quelques pâtés de maisons plus loin. Elle est arrêtée, torturée, violée, et succombe à ses blessures. Son corps est jeté du toit d'un immeuble, si bien qu'on conclura à un suicide. Mais sa mère révélera la vérité, et les photos de son corps seront diffusées sur les réseaux sociaux.

Le 21 septembre, un autre visage bouleverse le pays, celui de Hadis Najafi, vingt ans. Cette magnifique jeune femme aux cheveux blonds, qui adorait faire des vidéos TikTok dans lesquelles elle dansait, pleine de vie, diffuse une vidéo d'elle dans laquelle elle apparaît, tout de noir vêtue, un masque noir sur le visage, et dit : « J'espère que, dans quelques années, quand je regarderai en arrière, je pourrai me dire que j'y étais, que j'ai participé et que l'Iran est libre. » C'est sa dernière vidéo. Son corps sera criblé de balles par les forces de répression.

Le même jour, le président Emmanuel Macron serre la main d'Ebrahim Raïssi, président de la République islamique, surnommé le boucher de Téhéran par les Iraniens, alors qu'ils se trouvent à New York. Cette poignée de main chaleureuse, je la vis comme un véritable coup de poignard. En Iran, la population s'indigne du silence de la communauté internationale. À cet instant, je ne sais pas encore que ce sera le début d'une très longue liste de trahisons des dirigeants occidentaux envers le peuple iranien, mais aussi envers leur propre peuple.

Nous sommes tous bouleversés par la mort de Sarina Esmailzadeh, dix-sept ans, battue à mort dans son école. Comme toutes les autres victimes, elle n'était encore qu'une enfant. Une vie brisée pour avoir réclamé la liberté, la démocratie et la laïcité. Sa mère, bouleversée par la vision de son corps martyrisé par de nombreux coups de matraque, se suicidera.

Leurs visages sont devenus des symboles. Ils sont nos héros de la liberté. Les filles et les fils de l'Iran, comme les appellent les Iraniens. Des milliers de vidéos d'eux sont postées sur les réseaux sociaux pour alerter le monde sur l'horreur de la répression sur place.

Les médias français n'abordent presque pas le sujet, certains « experts » de l'Iran vont sur les plateaux vomir leur désinformation ou leur incompréhension de la société iranienne. J'entends des phrases comme « la plupart des Iraniens ne veulent pas de cette révolution », « les Iraniens ont peur que cela finisse comme en Irak ou en Afghanistan » ou encore « 20-30 % des Iraniens soutiennent le régime ».

Je ne peux expliquer si c'est une méconnaissance totale de la société iranienne ou une volonté délibérée de faire la propagande du régime pour s'assurer de pouvoir continuer à voyager en Iran. Il n'en reste pas moins que je suis folle de rage, je vois la jeunesse se faire massacrer et j'entends ces gens censés être spécialistes de l'Iran donner une image totalement fausse de ce qu'il se passe réellement dans mon pays. Ne voient-ils pas ce soulèvement historique ? N'entendent-ils pas la société iranienne ? Comment peuvent-ils, en tant que journalistes, comparer sans cesse l'incomparable ou donner des chiffres sans aucune source ?

D'ailleurs, je me rappelle ce plateau télévisé sur BFM, le 5 octobre 2022, avec Chahdortt Djavann, anthropologiste iranienne, devant une journaliste franco-iranienne, une correspondante qui était autrefois basée à Téhéran. La journaliste qui, depuis plusieurs jours, enchaîne les plateaux télévisés pour expliquer que le régime a encore une base de soutien conséquente et que les Iraniens ne veulent pas voir leur pays devenir un autre Afghanistan se fait reprendre par Djavann, qui perd patience et exige d'elle ses sources pour prétendre que 20 à 30 % du peuple iranien soutient le régime. Malaise sur le plateau, l'animateur rame, la journaliste emploie un « selon les sources officielles » pour se justifier, alors que nous savons tous qu'il n'y a ni source officielle ni sondage d'opinion réalisé au sein de la population iranienne par le régime qui lui permettent d'affirmer tout cela. Elle ne mesure pas l'impact négatif de ses mots sur la lutte du peuple iranien qui meurt dans les rues pour se débarrasser de la République islamique qui l'opprime depuis près d'un demi-siècle.

Dans les premiers jours suivant la mort de Mahsa Jina Amini, je suis prise à partie par des Iraniens furieux qui m'envoient des messages privés sur Instagram. Ils me reprochent de rester silencieuse. Je ne leur en veux pas, je ressens leur colère et leur désarroi. Mais je dois penser à ma mère et aux risques que je lui ferais courir. Je tente tant bien que mal de leur expliquer que je ne peux pas encore parler, que je ne peux prendre la responsabilité de la mettre en danger, mais que dès qu'elle sera en sécurité en France, je le ferai. Parfois, ils comprennent ; parfois, ils se désabonnent. Et j'entends parfaitement que face à l'ampleur des exactions subies par la jeunesse iranienne, quiconque garde le silence soit perçu comme un traître, surtout quand il jouit, comme moi, d'une large audience.

Je n'avais jamais vu les Iraniens exilés aussi investis. La diaspora, partout à travers le monde, se lève comme un seul homme pour porter la voix de ceux qui se battent en Iran. La première manifestation est organisée le 25 septembre à Paris au Trocadéro. La plupart des gens sont venus avec des masques, de peur d'être reconnus par les agents du régime présents partout en Occident et œuvrant pour les services de renseignement de la République islamique.

Je ne dis rien à ma mère, mais je décide de m'y rendre. Je porte moi aussi un masque. J'ai sorti mon drapeau de l'Iran. L'unique et vrai drapeau du pays. Pas celui imposé par la République islamique il y a quarante-cinq ans, qui y a effacé tout signe de l'Iran pour n'y apposer que des symboles islamiques à la place. Notre drapeau national porte fièrement un lion et un soleil, symboles millénaires de notre civilisation.

À peine arrivée, je suis submergée d'émotion. La place est noire de monde. Jamais je n'avais vu pareil rassemblement de la communauté iranienne. Les gens chantent en chœur l'hymne de l'Iran, interdit par les mollahs. Ils reprennent à l'unisson la chanson préférée de Nika Shakarami. Les larmes coulent sur mon visage. Nous sommes tous très émus. Les visages sont fatigués, les traits tirés... Nous vivons la même douleur. Je me sens bien auprès des miens, je me sens apaisée, entourée de ceux qui comprennent ma souffrance. Nous sommes touchés dans notre chair. Nous savons que ce que nous vivons est historique. Les plus âgés rêvent de revivre dans leur pays à nouveau libre, les plus jeunes s'identifient à la jeunesse iranienne dans les rues... Nous avons tous nos propres raisons d'être là, mais une seule et unique chose nous rassemble : l'amour de notre pays.

Lorsque je reviens de cette manifestation, ma mère me dit qu'elle savait que je m'y rendrais.

Elle m'incite à prendre la parole sur les réseaux sociaux, à ne plus me taire. Je lui demande à plusieurs reprises si elle est sûre et si elle mesure les risques pour elle. Elle me répond : « Mona, ils sont en train de massacrer des gosses qui se battent à mains nues, t'obliger à te taire est une complicité, vas-y ! »

Elle venait de me délivrer d'un véritable poids. Enfin, j'allais pouvoir agir à ma petite échelle pour alerter et dire la vérité sur ce que vivait mon peuple. Et c'est ainsi que j'ai commencé à poster plus d'une cinquantaine de stories par jour, parfois même une centaine. Je téléchargeais toutes les vidéos que les jeunes mettaient sur les réseaux sociaux, je les traduisais si nécessaire, j'expliquais tout à ma communauté. Jour et nuit, je ne faisais que cela. C'était mon unique moyen de survivre à la douleur et à la tristesse des crimes contre l'humanité qu'ils subissaient là-bas. J'étais suivie pour mon travail de décoratrice d'intérieur, pour ma vie de famille, pour les vidéos divertissantes que je postais. Et du jour au lendemain, cette grande communauté de femmes, souvent mères, voit mes contenus changer du tout au tout. Fini la bonne humeur, les blagues, les avant/après de chantiers réalisés. Je suis heureuse de voir que cela les intéresse, qu'elles posent des questions, partagent massivement mes publications. Des milliers d'entre elles modifient même leur photo de profil pour mettre une image de soutien aux Iraniennes. Mais bien sûr, malgré toute leur bonne volonté, beaucoup finiront par se lasser et se désabonner au fur et à mesure des mois. Elles me suivaient pour se détendre, pas pour recevoir du matin au soir des informations parlant de viols, de tortures, de pendaisons, d'assassinats.

Depuis quelques jours, ma mère a de plus en plus de mal à se connecter à Internet. Le Régime coupe le réseau pour massacrer à huis clos et pour empêcher les gens de communiquer entre eux pour s'organiser. Le 28 septembre, je perds tout contact avec elle. Je suis très inquiète. Je me répète qu'elle a sûrement été arrêtée à cause de moi.

Je sais que son vol de retour est prévu le 30 septembre, mais je n'ai aucun moyen de savoir si elle a pu le prendre. Je vis la nuit la plus longue de ma vie : je me rends à l'aéroport tremblante de peur, j'attends, je regarde les passagers sortir les uns après les autres, et puis elle apparaît avec son chariot. Elle va bien, elle a pu quitter le pays.

Je lui tombe dans les bras. Je réalise à cet instant notre chance d'être franco-iraniennes, de pouvoir vivre dans un pays libre et démocratique. Nous sommes, nous, en sécurité, pendant qu'en Iran les jeunes se battent par centaines de milliers dans les rues contre des terroristes sanguinaires.

Le 16 septembre a été le point de départ de la nouvelle personne que je suis devenue. Je ne serai plus capable de faire quoi que ce soit d'autre que porter la voix de mon peuple, sans relâche, en France. Je ne serai plus capable de faire preuve de légèreté, de m'accorder des loisirs, de divertir les gens sur les réseaux sociaux, de dormir dans un lit normalement. Je suis brisée de l'intérieur, mais prête à ne rien lâcher pour les aider à ma minuscule échelle.

J'ai grandi avec la douleur de l'exil, l'attachement à l'Iran, le patriotisme, l'histoire tragique de notre peuple. J'ai grandi avec un père absent, resté en Iran, que j'allais voir durant les vacances scolaires. Tout mon être, toute mon âme, le sang qui coule dans mes veines, tout me ramène à l'Iran. Alors, quand mon pays natal veut renaître et se débarrasser de quarante-cinq ans d'occupation islamique, il n'y a aucun autre choix qui s'offre à moi que celui de mener le combat depuis mon pays d'adoption.

Chapitre 2

La naissance de l'association Femme Azadi

Lorsque vous vivez un moment historique qui implique le massacre des vôtres, alors même que vous ne vous trouvez pas dans le pays, vous vous sentez rapidement seul(e). Bien sûr que mon conjoint ou mes amies me savaient touchée, bien sûr qu'ils voyaient à quel point je souffrais chaque fois qu'un jeune perdait la vie. Mais pouvaient-ils ressentir ma douleur réellement ? Peut-on faire preuve de la même empathie pour un peuple qui n'est pas le sien ? Je ressentais chaque mort, chaque arrestation, chaque drame comme si quelqu'un de ma propre famille était touché.

Leur vie continuait, mais la mienne s'était arrêtée. J'étais isolée dans ma bulle. Je ne parvenais à en parler qu'avec ma mère et les quelques filles iraniennes qui me suivaient sur les réseaux sociaux, et que je voyais pour certaines durant les manifestations, une fois par semaine. Je n'arrivais à reprendre mon souffle qu'en me recueillant avec les miens chaque dimanche dans la rue.

J'étais perdue dans ma double culture. Je suis française, j'ai grandi dans ce pays, j'y ai toujours vécu, je l'aime et je remercie mes parents chaque jour de m'avoir permis d'y vivre. Mais avec cette révolution, j'ai commencé à me sentir comme une étrangère. La vie ici continuait, les médias faisaient défiler un petit bandeau avec « révoltes en Iran suite à la mort de Mahsa Amini ». D'ailleurs, la plupart des journalistes l'appelaient même Masha en écorchant son nom. Parfois, il y avait un petit reportage ou un article, mais les gens vivaient normalement. Alors que pour moi, plus rien ne comptait.

J'avais envie de crier au monde ma douleur, mais surtout leur courage. J'avais envie que tout le monde sache et voie. Je ne voulais pas me contenter d'être spectatrice de cette révolution. J'ai donc décidé d'utiliser les réseaux sociaux et de créer une vidéo pour expliquer qui sont les Iraniens, bien loin de l'image qu'en ont donnée les médias pendant des années, et surtout pour faire savoir au plus grand nombre ce qui se jouait actuellement dans le pays. Il m'a toujours été très difficile de regarder des reportages, des enquêtes, des images de mon pays ne montrant que des femmes en tchador, des membres du régime, les affiches couvrant les murs des immeubles appelant à la destruction de l'Occident, alors que dans ce même pays se trouve un peuple opposé au régime, un peuple qui n'a aucune animosité envers les pays occidentaux, un peuple qui résiste chaque jour, à des échelles différentes, à l'idéologie des mollahs.

Je savais que cette vidéo n'aurait pas le même impact si j'étais seule à apparaître. J'ai donc envoyé un message à une dizaine de femmes franco-iraniennes avec qui je discutais régulièrement sur les réseaux et je leur ai demandé si elles seraient partantes pour l'enregistrer avec moi.

J'ai emprunté un studio photo. J'ai écrit le texte de la vidéo et je l'ai réparti entre les différentes filles. Je me suis chargée de réaliser le montage et d'y intégrer les images et vidéos qui nous parvenaient d'Iran. Et c'est ainsi qu'est née la vidéo « Allo le monde, vous nous entendez ? ».

J'aimerais retranscrire ici le texte pour qu'il en reste une trace écrite. Parce que tout ce qui suivra est né avec cette vidéo.

« Allo le monde, vous entendez ? Ici le peuple iranien. Savez-vous ce qui se passe chez nous en ce moment ? Tout a commencé à la mort de Mahsa Jina Amini. Une jeune femme kurde de vingt-deux ans, battue à mort par la police des mœurs, le 16 septembre dernier. Son crime ? Une mèche de cheveux qui dépassait de son voile. Tu te demandes : comment est-ce possible, en 2022 ? Eh bien, cela s'appelle la République islamique d'Iran. Un régime sanguinaire, qui sévit dans notre pays depuis quarante-trois ans et contre lequel on lutte depuis.

Les Iraniennes ont dit “assez”. Elles se sont levées comme une armée. Les Iraniens ont suivi, et tout un peuple a décidé de lutter contre l'obscurantisme. Manifestations et grèves ont envahi le pays, gonflant nos cœurs d'espoir de retrouver notre terre libre, de mettre fin à ce régime barbare et terroriste.

Nos soldats de la liberté s'appellent : Sarina Esmailzadeh, seize ans, battue à mort pour avoir réclamé la liberté. Sa mère ne l'a pas supporté. Elle s'est suicidée. Nika Shakarami, seize ans, enterrée le jour de ses dix-sept ans, battue à mort pour avoir crié sa douleur. Hadis Najafi, vingt ans, tuée de six balles par la police pour avoir osé manifester. Asra Panahi, seize ans, battue à mort pour n'avoir pas chanté à la gloire du régime islamique ; et des centaines d'autres.

Sais-tu que, chez nous, les journalistes, les intellectuels, les sportifs, les avocats, les cinéastes et les minorités religieuses sont envoyés en prison pour y subir les pires tortures et tenter d'éteindre leur érudition ? Cette prison s'appelle

Evin, et elle a été brûlée il y a quelques jours. Au lieu de sauver nos lumières, le régime a envoyé ses hommes leur tirer dessus, les gazer, les battre tout en empêchant les secours d'y accéder pour s'assurer de faire un maximum de victimes. Eh oui, car en Iran, c'est la police qui tue et les intellectuels qui sont emprisonnés.

Sais-tu que pour avoir klaxonné lors d'une manifestation, un homme a été tué ? Je te présente sa fille, qui pleure sur sa tombe et cherche son papa.

Sais-tu qu'en un jour, dans une seule ville, ils ont tué 87 personnes, dont sept enfants ? Sais-tu qu'ils ont attaqué des écolières qui refusaient de chanter leur propagande au sein même de leur école et les ont battues atrocement ? Trois en sont mortes et une est dans le coma.

Sais-tu qu'ils ont légalisé le mariage à neuf ans pour les petites filles ? Qu'ils lapident des femmes et les tuent impunément ? Et si elles ont le malheur d'être vierges, ils les violent la veille de leur exécution pour les empêcher d'aller au paradis.

Mais tu sais, nous n'avons pas toujours vécu ainsi. Nous sommes l'un des berceaux de la civilisation, un peuple millénaire, instruit, moderne et laïque. Nous avons même créé les premiers droits de l'homme.

Les femmes iraniennes ont toujours été fortes, intelligentes, courageuses et déterminées. Tu te demandes sûrement ce que tu peux bien y faire. Figure-toi qu'on ne te demande pas de cagnotte ni même d'accueillir chez toi des réfugiés, et encore moins de faire la guerre. On te demande juste de partager cette vidéo.

Je t'en supplie, ne détourne pas le regard de notre combat, sois notre voix. Les mollahs ont coupé Internet pour massacrer à huis clos. Tu as le pouvoir de changer ça.

Nous manifestons inlassablement chaque semaine à travers le monde pour qu'on nous entende. Les dirigeants occidentaux doivent reconnaître le régime de la République islamique comme une organisation terroriste, rompre tout lien diplomatique et reconnaître qu'une révolution est en cours.

Femme, vie, liberté !
Zan Zendegi Azadi ! »

Cette vidéo a été postée le 22 octobre 2022. Elle a été vue plus de 4,3 millions de fois en quelques jours rien que sur Instagram. Elle a fait le tour du monde et a été partagée par de grandes stars, comme Juliette Binoche, Carla Bruni, Marion Cotillard, Sophie Marceau, et bien d'autres. Je me rappelle mes amis au Canada, aux États-Unis et ailleurs, qui me l'envoyaient en me disant que la vidéo tournait dans leurs groupes WhatsApp de famille. Le plus insolite a été le message d'une personne sur Instagram qui m'a raconté que sa grand-mère au Congo venait de la lui envoyer.

Nous avions réussi notre mission : alerter le plus grand nombre de personnes possible sur notre révolution et la répression brutale du régime. Certes, les médias en parlaient mais résumaient souvent les protestations à « la lutte des femmes iraniennes contre le voile obligatoire » sans expliquer les réelles revendications du peuple.

C'est à ce moment que nous avons pris la décision de monter un collectif et de faire tout ce que nous pouvions pour aider les Iraniens. Nous avons beaucoup hésité sur le nom, et puis nous nous sommes arrêtées sur Femme Azadi. La « femme » en français et la « liberté » en persan.

Nous avions un groupe WhatsApp dans lequel nous échangions jour et nuit. C'était notre bulle. Une petite partie d'Iran, ici, à Paris, où tout le monde menait sa vie pendant que nous souffrions.

Ce fut la première étape d'une longue série d'actions. Mais ce fut également le début d'une longue série de trahisons et de désillusions.

Chapitre 3

Le féminisme en état de mort cérébrale

Lorsque la révolution Femme, vie, liberté s'est déclenchée en septembre 2022 et que les premières images ont commencé à arriver en Occident, les gens saluaient tous le courage des Iraniennes. On voyait ces jeunes femmes brandir leur voile dans le ciel, y mettre le feu, danser, scander des slogans contre le régime.

On voyait des écolières, des collégiennes et des lycéennes décrocher les portraits de Khomeini et Khamenei, les piétiner, les déchirer, les brûler et marteler : « Mort au dictateur ! » Nous avons tous en mémoire leurs photos face aux portraits des guides suprêmes, les saluant d'un magnifique majeur pointé fièrement.

Mais surtout nombre d'entre elles se filmaient en train de se couper les cheveux en signe de protestation contre l'oppression qu'elles subissaient. Dans la rue ou depuis chez elles, nous pouvions voir des milliers de femmes se débarrasser symboliquement du poids que représentent les cheveux dans une société islamique. Une vidéo est même réalisée à l'initiative de Juliette Binoche, rassemblant de nombreuses célébrités se coupant une mèche de cheveux. On s'est beaucoup moqué d'elles en France, on les accusait de faire le buzz sur le combat des Iraniennes, on leur reprochait de ne couper qu'une minuscule mèche... Et pourtant, cette vidéo a fait grand bruit en Iran.

Il faut réaliser que lorsque vous êtes coupé(e) du monde et que vous vous battez contre un régime tyrannique, toutes les démonstrations de soutien vous procurent de la force et vous montrent que vous n'êtes pas seul(e). Voir des stars françaises se filmer en soutien à votre cause ne peut que vous faire plaisir et vous donner plus de courage. Critiquer et moquer ce type d'initiative est un luxe de râleurs en démocratie.

Plusieurs slogans ont très vite émergé, comme « Pas de voile, pas de soumission, égalité et liberté ». Pour la première fois de l'histoire, on voyait des hommes sortir dans la rue, au péril de leur vie, en criant « Femme, vie, liberté », auquel les femmes répondaient « Homme, patrie, prospérité ». L'union était totale contre l'occupant islamique.

Dans les universités, les hommes scandaient, à destination des mollahs, « Les pervers et les putes, c'est vous », et les femmes répondaient « Et les femmes libres, c'est nous », reprenant ainsi les insultes que les religieux utilisaient pour qualifier les femmes refusant de se couvrir d'un hijab.

Nous assistions à la première révolution féministe de l'histoire portée aussi bien par les femmes que par les hommes.

Je suis féministe. De celles qu'on appelle universalistes. J'ai toujours milité sur les réseaux sociaux pour sensibiliser l'opinion publique sur les violences faites aux femmes, sur les manquements de la justice, sur les violences faites aux enfants. Tout naturellement, quand la révolution a commencé en Iran, je m'attendais à voir une mobilisation massive des mouvements militants féministes.

Je rêvais déjà de grandes vagues violettes dans les rues pour dénoncer ce patriarcat islamique contre lequel se soulevaient les femmes iraniennes.

Ce fut la douche froide. Glaciale, même.

Quand j'ai commencé à créer du contenu sur les réseaux sociaux, je partageais des vidéos avec des associations et personnalités féministes, j'envoyais des articles de presse, des images venant d'Iran, des récits de femmes massacrées dans la rue… et, étonnamment, je n'obtenais aucune réponse, aucun partage, aucun soutien.

Je regardais les comptes des grandes influenceuses « féministes » qui prenaient la parole sur tout et sur rien dès lors que le mot « femme » apparaissait. Là encore, silence radio sur le sort des Iraniennes.

Cela me paraissait incompréhensible. Je ne trouvais aucune explication rationnelle à leur silence criminel.

Je me souviens d'une manifestation, un dimanche à Paris ; je discutais avec Arlette, de l'association Les Citad'elles, une des rares associations à avoir été à nos côtés dès le premier jour. Des féministes universalistes. Je me vois encore lui dire : « Arlette, c'est historique ! C'est incroyable ce qui arrive en Iran. J'ai envoyé des emails et des messages à de nombreuses assos féministes. Bientôt, nous serons des milliers dans la rue. »

Elles ne sont jamais venues. Elles n'ont jamais partagé nos appels à manifester. #NousToutes, qui est la plus grande association de France, malgré nos demandes, n'est jamais venue.

Comment expliquer que, alors que des femmes sortent dans la rue pour faire tomber une théocratie, réclament la fin du patriarcat religieux, luttent pour l'égalité des droits, subissent violences, viols, tortures, emprisonnements, coups de fouet et assassinats, les féministes se taisent ?

Et puis, nous avons commencé à voir fleurir dans les milieux militants féministes des affiches avec une femme voilée et une femme non voilée, flanquées de slogans comme « Même combat » ou « Chacun son choix ». Comme s'il était possible de comparer la France et la République islamique d'Iran. Elles réduisaient notre combat contre un régime fasciste islamique à une simple liberté de porter ou de ne pas porter un voile.

J'ai d'abord cru à une certaine forme de naïveté. Après tout, toutes ces associations n'étaient composées que de femmes françaises n'ayant absolument aucune idée de ce que pouvait être une République islamique. Mais j'ai très vite compris qu'elles étaient surtout gangrénées par l'idéologie « intersectionnelle » d'extrême gauche. Elles avaient vendu leur âme à l'islamisme.

Les femmes iraniennes étaient un grain de sable qui venait enrayer leur machine de la fausse bien-pensance. Celles qui voulaient faire croire que le voile était un signe de liberté et de féminisme étaient bien embêtées face aux revendications des Iraniennes.

Alors, elles ne se gênaient plus pour détourner notre lutte et tenter de faire croire que nous nous battions pour avoir la liberté de nous habiller comme nous le souhaitions. En occultant totalement la symbolique religieuse de ce voile.

Un hijab n'a jamais été un simple foulard, une femme qui le porte accepte les règles coraniques qu'il représente, à savoir valoir la moitié d'un homme dans le témoignage ou l'héritage, être consommable dès les premières règles, devoir vivre toute sa vie sous l'autorité d'un tuteur masculin, ne pas avoir le droit de chanter ou de danser, ne pas reconnaître le viol conjugal ni le droit à l'avortement, accepter la polygamie, et une multitude d'autres principes liberticides et profondément injustes.

Vous pourriez me dire que porter le voile n'implique pas tout cela. Eh bien, si. Parce que, dès lors qu'une jeune femme le porte, elle ouvre la voie à ce que les prêcheurs, l'entourage, les amis, les gens sur les réseaux sociaux se donnent le droit d'exiger toujours plus de restrictions de liberté. Après tout, pourquoi choisir de porter le voile, si c'est pour s'exonérer de tout ce que cela suppose pour ne pas vivre de manière *haram* ? Les principales injonctions destinées aux femmes sont liberticides et discriminatoires, et son porte-drapeau est le hijab.

Ces féministes françaises ne parvenaient pas à comprendre que la seule chose qui permette aux femmes voilées de le porter « librement » en France sans conséquence, c'est justement qu'elles vivent dans un pays libre, laïc, où la religion ne dicte pas les lois. Ce n'est pas la religion qui leur offre l'égalité des droits, ce qui n'existe dans aucun pays musulman, mais bien la loi de 1905, qui fait barrage à la religion.

D'ailleurs, pensent-elles vraiment qu'une femme se battant juste pour s'habiller comme elle le souhaite va brûler un hijab ? Brûler un symbole religieux montre bien que c'est tout un système que les femmes iraniennes veulent faire tomber. Plus aucune injonction religieuse dans les lois du pays, voilà ce qu'elles réclament, et, bien sûr, la chute totale et définitive de la République islamique, qui occupe l'Iran depuis quarante-cinq ans.

Le mouvement féministe intersectionnel a vu le jour lorsque le féminisme a décidé de mener une convergence des luttes entre discriminations sociales, ethniques et de genre. Il est né en 1989, de l'universitaire afroféministe Kimberlé Williams Crenshaw, pour parler spécifiquement de l'intersection entre le sexisme et le racisme subis par les femmes afro-américaines. L'idée est noble. Il s'agit de dire qu'une femme est la cible d'une discrimination en raison de son sexe, mais qu'elle l'est encore plus si elle vient d'une minorité, car elle sera victime, en plus, de racisme. Le concept a ensuite été développé pour tous les critères pouvant aboutir à une discrimination supplémentaire, comme le handicap.

Je suis pleinement d'accord avec l'intersectionnalité, mais les dérives sont devenues monnaie courante. Le concept a été totalement dévoyé. Très vite, les féministes intersectionnelles n'ont défendu la femme « racisée » que lorsque celle-ci entrait dans le moule victimaire qu'elles avaient défini pour elle. Une femme « racisée », se battant contre l'islamisme, réclamant l'égalité des droits, refusant de se soumettre aux injonctions de l'islam, devenait de facto trop « occidentale » pour elles. Alors qu'une femme musulmane revendiquant le voile comme une liberté absolue était érigée en héroïne. La femme orientale n'est respectable à leurs yeux que si elle représente la vision orientaliste qu'elles en ont. Une bonne Orientale devient une Orientale voilée, et celles dénonçant les ravages de l'islam sur les droits des femmes sont méprisées.

C'est ainsi qu'on a pu voir une mobilisation massive de leur part pour les *hijabeuses* qui réclament le droit de porter le voile et un silence assourdissant sur les Iraniennes qui, pendant ce temps-là, se font violer, torturer et massacrer pour faire tomber l'islam politique.

Pire, petit à petit, ces mêmes militantes ont commencé à attaquer notre association sur les réseaux sociaux. Nous étions taxées de fachos, d'islamophobes, de racistes, de bourgeoises occidentalisées… Non seulement elles avaient décidé de taire nos voix, mais elles nous harcelaient désormais pour que nous cessions de parler ou que nous changions notre discours.

Soit nous devions accepter de faire croire que le voile est un symbole de liberté et que se battre pour son port est une lutte féministe, soit nous étions des traîtresses à la cause des femmes. Comment ces mêmes personnes, qui descendaient massivement dans la rue pour défendre les droits des Américaines à avorter en dénonçant le patriarcat religieux chrétien, pouvaient-elles se taire sur ce même patriarcat dès lors que les bourreaux avaient la peau mate et portaient un turban ?

Les féministes intersectionnelles n'ont qu'un ennemi : l'homme blanc, cisgenre, bourgeois et hétérosexuel. Cela me rappelle les propos de l'indigéniste qu'est Houria Bouteldja dans son livre *Les blancs, les juifs et nous. Vers une politique de l'amour révolutionnaire* (La Fabrique, 2016) : « Si une femme noire est violée par un Noir, c'est compréhensible qu'elle ne porte pas plainte pour protéger la communauté noire. »

C'est exactement ce qu'est devenu le féminisme : il demande aux femmes issues de minorités ou venant de pays « lointains » de ne pas dénoncer l'horreur de ce qu'elles vivent pour ne pas risquer de stigmatiser les hommes « racisés ». Cette pirouette intellectuelle nauséabonde est ce qui a conduit le féminisme à plonger dans un mutisme complice.

Cette pensée d'extrême gauche, poussée par une vision anticoloniale et anti-impérialiste, a fait, au fil du temps, de l'Occident et des valeurs républicaines les ennemis à abattre, quitte à « soutenir » des mouvements islamistes, misogynes et terroristes. Ne dit-on pas que « qui ne dit mot consent » ?

La laïcité était sans cesse attaquée, sous couvert de la liberté de se vêtir. La naïveté de ces féministes me met en colère. C'est comme si elles n'avaient absolument aucune idée de la chance qu'elles ont de vivre dans un pays libre, démocratique et laïque. Elles n'ont absolument aucune idée de ce que serait leur vie si l'on cédait du terrain à ceux qui, sous couvert de principes religieux, s'en prendraient à elles avant quiconque.

Les militantes féministes d'extrême gauche sont devenues sans même le savoir le plus puissant vecteur de propagation de l'idéologie d'extrême droite islamique. Quand je vois des collages utilisant le visage des femmes iraniennes battues à mort pour avoir brûlé leur voile servir à leurs affiches avec pour slogan « Combat pour la liberté de porter ou non le voile », j'en pleure de nerfs et d'indignation. Elles mettent sur un pied d'égalité la laïcité en France et l'horreur d'un régime théocratique. Quand je les entends nier la violence de la charia au prétexte de respecter la culture de chacun, c'est une véritable porte ouverte au communautarisme et à la fragilisation de nos valeurs républicaines. Soumettre et réprimer des femmes n'est pas culturel mais criminel.

Le féminisme devrait combattre une idéologie qui pousse une femme à se couvrir et à accepter de valoir la moitié d'un homme pour ne pas être perçue comme impure ou impudique. Le féminisme aurait dû être de combattre le *frérisme* et la montée de l'islamisme en Occident pour que les femmes n'en soient jamais victimes ici. Mais ces femmes ont abdiqué, elles ont fait vœu d'allégeance. Pour ne jamais être perçues comme racistes, elles ont sacrifié la cause des femmes.

Au fond, qu'y a-t-il de plus raciste et suprémaciste que de considérer qu'une femme issue d'une minorité ou vivant dans un pays oriental ne mérite pas mieux que le sort que lui réserve la religion ? Même si celle-ci a pour conséquence la pédocriminalité, la violence, l'invisibilisation et des inégalités terribles dans la vie quotidienne.

C'était très dur pour une féministe comme moi d'assister à cette trahison. Je ne parvenais pas à canaliser ma colère, qui se transformait peu à peu en haine. Je me suis désabonnée de nombreux comptes Instagram que je suivais depuis des années en comprenant que ces femmes n'étaient pas féministes, mais qu'elles cherchaient la visibilité et préféraient faire les pitres sur le *body positive* ou l'écriture inclusive plutôt que de dénoncer le massacre de milliers de femmes qui combattaient pour les droits dont elles jouissaient elles-mêmes en démocratie.

Je pensais que le phénomène était propre à la France, mais en discutant avec des activistes iraniennes au Royaume-Uni, au Canada ou encore aux États-Unis, le constat a été le même : le féminisme était en état de mort cérébrale dès que la lutte concernait les victimes de l'islamisme, et la République islamique d'Iran et les Frères musulmans avait gagné la bataille de la guerre idéologique qu'ils avaient lancée contre l'Occident.

J'ai fini par créer du contenu pour les appeler à se réveiller, pour tenter de leur faire réaliser la gravité de leur mutisme concernant les femmes iraniennes, leur faire comprendre que ces accusations d'islamophobie ne font que profiter aux mollahs, mais à part quelques insultes et critiques, aucune prise de conscience n'a eu lieu.

La bascule a été totale et violente après les attaques du 7-Octobre en Israël par les terroristes du Hamas. Ce jour-là, les images nous ont retourné l'estomac. Sur les chaînes Telegram de membres de la République islamique, on pouvait voir des jeunes femmes en sang, et des jihadistes décider laquelle devait être violée ou tuée. Partout sur les réseaux sociaux, on a vu des cadavres de femmes dénudées se faire malmener et cracher dessus, on a vu des traces de sang au niveau de l'entrejambe et des fesses. Nous savions pour les mutilations, les viols collectifs, les viols jusqu'à en briser le bassin ou jusqu'à ce que mort s'ensuive.

En tant qu'Iraniennes, cette violence, nous la connaissons. C'est la même que celle des hommes armés de la République islamique. Les mêmes méthodes, les mêmes actes de barbarie, la même volonté de souiller la femme. Les victimes ressemblaient à nos victimes, elles me rappelaient Nika, Hadis, Sarina, Ghazaleh, et toutes les autres.

Je me suis encore dit naïvement que cette attaque terrible allait ouvrir les yeux aux féministes sur ce que sont ces milices islamistes. Mais, là encore, elles ont trahi la cause des femmes. Elles ont nié et parfois même justifié ces actes barbares. Elles ont réclamé des preuves et des vidéos. Elles ont sorti leur carte habituelle de l'anti-impérialisme pour justifier l'injustifiable. Le « oui, mais » avait remplacé le « chacun son choix ».

Le délitement était total. Je ressentais de la honte à leur place. J'aurais aimé qu'on leur interdise le titre de féministe. J'aurais aimé que la majorité silencieuse se réveille et dénonce leur putsch sur le féminisme et ce qu'elles en faisaient. Elles étaient devenues une machine à broyer les femmes qui ne correspondaient pas à leurs critères. Le « Je te crois » toujours préconisé à l'endroit des victimes de violence ne s'adressaient ni aux Iraniennes, ni aux Afghanes, ni aux juives.

Elles avaient confisqué la parole aux vraies féministes pour en faire une bouillie mêlant racisme, suprémacisme, inculture, paternalisme et antisémitisme, allant jusqu'à interdire de manifestations les femmes de confession juive, les insultant et les menaçant d'exfiltration par la police.

Les mêmes qui nous expliquaient que le combat des Iraniennes n'était pas le leur, car elles se concentraient sur la France, allaient pourtant se donner corps et âme sans relâche pour la cause palestinienne, comme elles l'avaient précédemment fait en soutien à leurs sœurs américaines. L'argument géographique tombait à l'eau une fois de plus, au même titre que les valeurs mêmes du féminisme. Elles portaient donc la voix des femmes en fonction de la nature de l'agresseur.

C'était assez fou de voir le contraste entre le discours des Iraniennes en Iran, sans tabou et universaliste, et la décadence totale de l'idéologie féministe d'extrême gauche en France, qui malheureusement domine le milieu militant.

Je me souviens de l'épisode de l'abaya à l'école. Quelle mobilisation nationale ! On hurlait à la discrimination et à la violation des droits humains. Certes, je trouvais que cette mesure n'était pas la plus urgente à prendre au vu de l'état de nos écoles, mais le fait de voir ces soi-disant féministes s'agiter dans tous les sens montrait une fois de plus leur hypocrisie. Toujours se mobiliser pour sauver l'islamisme en pensant défendre la liberté des femmes, mais surtout se taire quand la charia frappe.

Je m'amusais de voir qu'en Arabie saoudite, d'où vient l'abaya qu'on essaie de nous faire passer pour un vêtement culturel maghrébin, les Saoudiennes avaient lancé le mouvement de « l'abaya portée à l'envers » pour lutter contre cette oppression et ne plus être obligées de la porter, militer pour leurs droits en fin de compte. Elles avaient eu gain de cause, et le roi d'Arabie saoudite avait même fini par interdire l'abaya durant les examens en milieu scolaire.

Comment des femmes vivant dans le pays de La Mecque pouvaient-elles réclamer la fin de l'abaya et de jeunes Françaises, dans un pays laïque et démocratique, revendiquer le droit de le porter malgré la loi de 2004, en utilisant toujours les mêmes procédés d'accusation de racisme et d'islamophobie ?

La fourberie de faire croire à une tenue culturelle en France alors qu'il suffisait de passer une heure sur TikTok pour voir les nombreuses influenceuses à hijab pro-islamisme expliquer comment, à défaut de porter le voile, il était possible de détourner la loi de 2004 en portant l'abaya pour affirmer son appartenance à l'islam. Tout le narratif permettant d'endoctriner toutes ces jeunes femmes est savamment mis en place par les Frères musulmans et très largement financé par des pays comme le Qatar, la République islamique d'Iran, la Turquie, et parfois même la Russie.

Ils ont leurs prédicateurs, leurs influenceurs, leurs propagandistes qui produisent du contenu, agissent sur le terrain dans les banlieues ou dans les mosquées pour prôner un islam rigoriste et antirépublicain.

Le constat était édifiant : au Moyen-Orient, des femmes se battaient pour se sortir du joug de l'islam politique, et, en France, des adolescentes, aidées des milices féministes, voulaient fragiliser la laïcité et imposer les signes d'appartenance au patriarcat le plus dur et liberticide.

La France est d'ailleurs souvent taxée d'être islamophobe par ses détracteurs d'extrême gauche, par les féministes intersectionnelles ou par certaines minorités, alors que la réalité est tout autre : le nombre de mosquées a doublé en vingt ans, la Mairie de Paris fait sa nuit du ramadan chaque année, le président Macron a partagé l'iftar avec le conseil des musulmans, les femmes voilées sont de plus en plus nombreuses à le porter dans les rues sans risquer d'être violées, pendues, lapidées, torturées ou emprisonnées. Alors, pourquoi ces accusations ? La France n'est pas islamophobe, et je reviendrai plus tard sur ce terme qui ne devrait pas exister. La France se protège de toute forme d'intégrisme religieux et elle ne plie pas face à l'islamisme, au grand dam des Frères musulmans et de la République islamique d'Iran, qui investissent des millions en Occident pour radicaliser et communautariser nos sociétés afin de les détruire de l'intérieur.

J'ai abandonné l'idée de voir un jour naître un quelconque soutien des associations féministes. Les femmes iraniennes donnent une véritable leçon de féminisme et de courage à toutes ces tartuffes. Elles ne devront leur victoire qu'à elles-mêmes, mais elles n'oublieront pas le silence assourdissant de celles qui se prétendaient être des alliées de toutes les femmes.

Je ne peux du reste que penser à cette phrase de Fatiha Agag-Boudjahlat, enseignante et essayiste : « Nous autres Orientales savions qu'il nous serait difficile d'abattre le patriarcat islamique, nous ne savions pas que ce dernier serait aussi bien secondé et légitimé par ces néoféministes ».

Avant de conclure ce chapitre, j'aimerais dédier quelques lignes aux Femen, qui ont été d'un soutien sans faille dès le début de notre révolution. Nous avons d'ailleurs, à leur demande, réalisé une opération coup de poing au Louvre en décembre 2022, pour dénoncer les viols systémiques que subissent les femmes iraniennes dans les geôles de la République islamique.

Nous tentions d'alerter les médias sur les crimes contre l'humanité commis par les mollahs sur les femmes, mais cela ne les intéressait que très peu. C'est ainsi que nous avons pensé cette opération regroupant dix Femen et dix femmes iraniennes. Nous portions des tenues noires avec l'inscription « Femme, vie, liberté », et les Femen, poitrines nues, couronnes de fleurs sur la tête, drapeau de l'Iran préislamique sur le dos et des inscriptions fortes écrites sur le corps, telles que « No more rapes, mullahs go to hell », tenaient des fumigènes aux couleurs de l'Iran. Nous avions toutes une corde autour du cou pour symboliser la mise à mort des femmes iraniennes. Cette action avait permis de médiatiser enfin les viols et les tortures subies par les femmes en Iran.

Les Femen ont été de toutes nos manifestations importantes et n'ont eu de cesse de relayer notre combat. Elles ont aussi été les seules à mener une action pour les femmes victimes du Hamas le 7 octobre.

Le seul féminisme est universaliste. Le seul féminisme est celui qui fait passer les droits des femmes avant tout autre chose. Le seul féminisme est celui qui se battra toujours pour l'égalité des droits et ne fera aucune compromission avec aucune idéologie cherchant à réduire la femme à néant. La laïcité permet déjà la liberté de culte dans l'espace public, nul besoin d'amalgamer le combat des Iraniennes et un prétendu combat en France.

Le hijab ne sera jamais féministe. La charia non plus. Il serait temps de se réveiller !

Chapitre 4

L'Iran ne sera jamais la République islamique

Durant ces deux années, partout à travers le monde, les activistes iraniens n'ont eu de cesse de corriger les gens, les médias, les journalistes pour qu'ils renoncent à employer le nom « Iran » pour parler de la République islamique. Pourquoi cette volonté de différencier les deux ?

Lors de son arrivée au pouvoir, Khomeini a déclaré qu'il fallait tuer le patriotisme des Iraniens parce qu'il savait que c'était leur attachement à leur culture, à leur histoire et à leurs traditions qui était le plus grand obstacle à leur endoctrinement et le plus grand danger pour la République islamique.

Il prononça d'ailleurs un discours en ce sens en 1979 : « L'islam est venu pour arrêter toute discussion futile. Nous n'avons pas besoin de patriotes, nous avons besoin de musulmans. L'islam est opposé au patriotisme. Le sentiment de patriotisme est l'ennemi de l'islam, l'islam ne reconnaît pas le patriotisme. L'autre pourriture à l'étranger [en parlant du shah en exil] affirme qu'il est avant tout iranien, puis encore patriote et iranien, et enfin seulement vient l'islam. Ce n'est pas ça, l'islam, il n'a rien de musulman. »

Il a alors mis en œuvre tout ce qu'il pouvait pour détruire toute trace de notre histoire en déclarant la guerre à notre drapeau du lion et du Soleil, qu'il a fait enlever au profit d'un nouveau drapeau sur lequel nos symboles historiques ont été remplacés par un *shadda*, un signe diacritique de l'alphabet arabe utilisé pour doubler une consonne. Dans ce cas, c'était pour doubler le mot « Allah » pour rappeler le Tawhid, la profession de foi musulmane qui dit « qu'il n'y a qu'un seul dieu ». Il a également fait ajouter en haut et en bas « Allahu Akbar » écrit plus d'une dizaine de fois. Il n'y a donc absolument plus rien de l'Iran et de la langue persane présents sur le drapeau voulu et imposé par Khomeini.

Le drapeau du lion et du Soleil (Shir o Khorsheed) est devenu le principal signe de ralliement de la diaspora. On le brandit dans toutes les manifestations. Mais il est aussi utilisé en Iran, en signe d'opposition au régime. Les Iraniens le suspendent à des ponts au-dessus des autoroutes, se prennent en photo avec, et les familles de victimes le posent sur la tombe de leurs enfants tués par le régime. Le fameux patriotisme que craignait Khomeini est ce qui mènera son régime à sa chute.

Majidreza Rahnavard avait vingt-trois ans quand il a été pendu le 12 décembre 2022 pour avoir manifesté dans la rue en septembre 2022. Avant son exécution, ses geôliers lui ont brûlé et cassé le bras parce qu'il portait un tatouage du lion et du soleil sur l'avant-bras. Le régime a poussé la cruauté jusqu'à réaliser une interview de lui avant qu'il soit pendu à une grue. Les Iraniens ont découvert, à l'écran, un jeune homme menotté, le bras plâtré et les yeux bandés. Le journaliste lui tend le micro et l'interroge sur le message qu'il veut passer avant de mourir. Majidreza, en véritable résistant, déclara qu'il demandait aux gens de ne pas le pleurer, de ne surtout pas lire le Coran ni réciter de prières islamiques, d'écouter de la musique, de danser et d'être heureux. Son courage bouleversa toute une nation. La mort par pendaison à une grue est une longue et cruelle agonie. Son corps a été laissé plus de trente minutes suspendu, et ses bourreaux ont diffusé sa photo sur les réseaux sociaux pour semer la peur et dissuader les jeunes de manifester. Majidreza restera éternel pour nous tous, et nous n'oublierons jamais que jusqu'à son dernier souffle il aura représenté l'Iran contre la République islamique.

Le motif du soleil remonte à l'époque pré-islamique (l'an 633). La religion de l'Iran était alors le zoroastrisme, qui considère le feu comme un élément sacré, et le Soleil y était vénéré. Certains historiens parlent également de l'influence du célèbre *Shahnameh* (le *Livre des rois* de Ferdowsi). Le lion, quant à lui, était le symbole de la force et des grands rois perses. Tout ce que haïssent les mollahs.

L'ayatollah Khomeini a par ailleurs fait changer le nom des rues, des monuments, des écoles. Il a détruit toutes les avancées mises en place par le shah. Il a instauré la charia et détruit les droits des femmes, mais aussi les droits humains dans leur ensemble. Les petites filles pouvaient désormais être mariées dès neuf ans, la polygamie était autorisée, les femmes devenaient des citoyens de seconde zone, voilées de force dès l'entrée en primaire. Il a mis en place la lapidation, la flagellation, les pendaisons et les exécutions expéditives, les mutilations à vif, la peine de mort pour apostasie ou homosexualité. La liste des régressions est si longue qu'il faudrait un livre entier pour les détailler.

Il a également tout tenté pour anéantir nos fêtes datant de plusieurs milliers d'années, comme Norouz (notre Nouvel An), Tchaharchanbé-Souri, Yalda et toutes ces célébrations qui font notre

ADN, ce que nous sommes, à savoir les descendants de Cyrus le Grand, dont la religion originelle était le zoroastrisme avant l'invasion arabo-musulmane durant laquelle l'islam nous a été imposé par la terreur et le sang. Les mollahs ne sont jamais parvenus à empêcher les Iraniens de célébrer leurs fêtes et ont dû se résoudre à les laisser faire publiquement.

Faire perdurer les traditions a été l'un des moyens les plus efficaces de lutter contre la propagande mise en place par le régime pour endoctriner les gens. Khomeini avait raison de considérer notre patriotisme comme son pire ennemi. L'Iran (autrefois appelé la Perse en Occident) est un pays de savoir, de culture, de littérature, de poésie, de musique, de chants, de fêtes, de modernité. La République islamique y est totalement incompatible.

Depuis deux ans, nous assistons même à une radicalisation chez les jeunes qui, au-delà du fait de rejeter très massivement la religion, opèrent un vrai retour aux sources en affichant leur fierté d'être les descendants des grands rois perses.

Nombreux sont ceux qui ont boycotté les dernières cérémonies chiites pour se rendre sur la tombe de Cyrus le Grand, à Persépolis, ou encore dans les anciens palais des Pahlavi. Véritable pied de nez au régime.

Pendant le ramadan, qui tombait en même temps que les célébrations de la nouvelle année (préislamique), les gens mangeaient en public, dansaient et chantaient dans les rues malgré les risques, saisissant toutes les occasions de rappeler à Khamenei qu'il n'avait aucun soutien populaire et que ses croyances islamiques n'intéressaient personne.

Je crois que le signe le plus flagrant du fossé qui sépare le peuple du guide suprême a été donné par l'un de ses proches. Mohammad Abolghasem Dolabi, un mollah chargé des affaires religieuses pour Khamenei, a déclaré en juin 2023 que plus de 50 000 des 75 000 mosquées que compte le pays avaient déjà dû être fermées, faute de fréquentation. Il s'était même publiquement dit préoccupé par le désintérêt total pour l'islam du peuple iranien alors que le fondement même de la République islamique était la religion.

Khomeini comme son successeur Khamenei n'ont aucun amour de l'Iran et de son histoire. Ils voient le monde à travers leur idéologie islamique. Ils ne voient ni frontières, ni culture, ni patriotisme. Le seul but est l'impérialisme islamique. S'étendre et former un califat où règneront l'islam et la charia en utilisant la violence, le crime, la torture et les assassinats ; et bien sûr, détruire la civilisation occidentale.

Le corps des gardiens de la révolution islamique a été pensé et créé pour préserver le régime et non défendre le pays. Ainsi, nous avons une armée régulière, appelée « Artesh », et le CGRI, pour les intérêts de la République islamique. Et comme vous pouvez le constater, là encore, le nom « Iran » n'est pas employé. À la place, ils ont préféré le mot « islamique ».

Les Iraniens ne considèrent pas les mollahs comme légitimes pour les représenter. Plus de quarante-cinq ans après leur prise de pouvoir, les mollahs comme le peuple parlent toujours de « révolution islamique » et non d'un système établi voué à perdurer. Finalement, inconsciemment, ils reconnaissent qu'ils ne seront jamais acceptés et qu'ils ne sont que des « occupants » ayant mené une révolution pour s'emparer du pouvoir par la force.

Ils ont, par leurs actions et leur idéologie, dissocié l'Iran de leur régime. Les Iraniens ne partagent ni leur volonté hégémonique, ni leur haine de l'Occident et d'Israël, ni leur financement du terrorisme, et encore moins les exactions qu'ils commettent en Iran, mais aussi partout ailleurs au Proche et au Moyen-Orient. Les dissocier dans l'appellation permet de ne plus amalgamer le peuple iranien et les mollahs.

Il est très douloureux pour les Iraniens d'être représentés par ces ignobles barbus à turban sur la scène internationale. Nous ressentons un véritable sentiment d'humiliation quand nous voyons leurs agissements, leurs coutumes, leur idéologie, leurs diplomates, et que nous imaginons que le reste du monde nous assimile à eux.

Employer « République islamique » pour les désigner fait avancer notre lutte et notre révolution. Ils ne seront jamais l'Iran. Ils n'ont même pas grand-chose en commun avec ce que nous sommes. Nous le savons, et ils le savent aussi mieux que personne.

Vous ne pouvez pas imaginer ce que nous ressentons lorsque nous entendons à la télévision « l'Iran finance le terrorisme, l'Iran menace la planète, l'Iran est un pays voyou ou dangereux... ». Nous nous sentons profondément insultés, car nous sommes les premières victimes de leurs agissements. Et voir le nom de notre pays sali par nos bourreaux est insupportable.

Les Iraniens ne ratent d'ailleurs pas une occasion de faire savoir au monde qu'ils ne cautionnent nullement les décisions prises par leurs dirigeants. L'un des slogans les plus scandés dans les rues, depuis de nombreuses années, par les manifestants est : « Ni Gaza ni Liban, je donne ma vie pour l'Iran. » Les Iraniens sont las de voir les richesses de leur pays détournées et utilisées pour financer les proxys terroristes des mollahs, que ce soit le Hezbollah, le Hamas ou encore les Houthis.

Les Iraniens n'approuveront jamais que les mollahs engraissent sans cesse des milices étrangères au lieu de subvenir aux besoins de leur population, qui vit une pauvreté et une inflation sans précédent.

Les Iraniens répètent d'ailleurs sans arrêt que la guerre contre Israël n'est pas la leur, mais celle de Khamenei. Lors des frappes de la République islamique contre Israël le 16 avril et le 1er octobre 2024, les Iraniens ont massivement exprimé leur soutien au peuple israélien en se désolidarisant totalement des attaques du régime, que ce soit par des inscriptions sur les murs des villes en Iran ou sur les réseaux sociaux. Comme ils avaient montré toute leur sympathie et leur compassion au lendemain du 7-Octobre et des attaques terroristes horribles menées par le Hamas.

Au péril de leur vie, les Iraniens prouvent chaque jour au monde entier que le seul obstacle à la paix est le régime des mollahs. Sans Khamenei, plus de menace nucléaire, plus de proxys terroristes, plus de déstabilisation de la région, plus de menaces permanentes en Occident, plus d'otages d'État (trois Français sont toujours dans les geôles du régime).

Durant les derniers mois, nous avons pu assister, à de nombreuses reprises, à des actes de désobéissance civile et de résistance de la part des gens dans le pays. Tags sur les murs (« Israël, frappe-les, on finira le travail dans les rues ») ; des enfants dans les écoles à qui l'on demande de scander « Mort aux États-Unis, mort à Israël » et qui répondent « Mort à la République islamique » ; des automobilistes qui esquivent avec leur voiture le drapeau israélien dessiné au sol sur la route par les autorités ; des étudiants qui contournent par centaines les drapeaux occidentaux placés au sol pour ne pas les piétiner. La République islamique subit humiliation sur humiliation de la part du peuple iranien, qui est très lucide sur l'instrumentalisation faite des conflits de la région pour tenter de créer une unité nationale.

Employer « République islamique » et non « Iran » est aussi une manière de saluer leur courage et leur manifester que nous entendons leurs messages de paix envers l'Occident, mais surtout que nous savons que la culture iranienne n'est en rien comparable à l'idéologie mortifère et obscurantiste des ayatollahs.

Chapitre 5

La claque islamique en France

Il y a quelques années, je passais beaucoup de temps sur les réseaux sociaux à lutter contre le racisme. Je tentais de sensibiliser les gens aux discriminations qu'on peut subir en France quand on est issu d'une minorité et j'essayais de faire évoluer les mentalités. Je suis franco-iranienne et mon conjoint est franco-ivoirien. Ses deux grands-mères sont françaises et ses deux grands-pères ivoiriens. Le racisme à son égard, j'ai pu l'observer de près.

Chez nous, c'est un magnifique mélange culturel de nos trois pays, la France, l'Iran et la Côte d'Ivoire, et nos deux filles grandissent avec cette richesse.

Nous sommes tous les deux athées, mais j'ai toujours été très tolérante à l'égard des religions et des pratiques de chacun. J'ai tenu un blog, il y a une dizaine d'années, et ce, durant cinq ans, dans lequel j'écrivais régulièrement des articles pour expliquer la vie avec un enfant en situation de handicap lourd comme mon aînée. J'écrivais également sur des sujets plus féminins, mais aussi sur le vivre-ensemble, en appelant à plus de tolérance et de bienveillance, dans le respect de la culture et de la religion de chacun, avec comme socle commun, nos valeurs républicaines. Plusieurs dizaines de milliers de personnes lisaient chacun de mes articles.

Je me souviens d'un fait divers qui avait fait du bruit en France. Une mère de famille avait été interdite de sortie scolaire parce qu'elle portait le voile. Je m'étais indignée et j'avais longuement écrit, sur mon blog, pour expliquer qu'exclure une femme de la vie sociale parce qu'elle était voilée était une discrimination honteuse, que marginaliser ces femmes ne faisait que verser de l'eau au moulin des intégristes qui se servent du sentiment de rejet et de colère, et qu'elles ne devaient pas subir de discriminations dans la mesure où elles respectaient les lois républicaines.

Quand Mahsa Amini a été assassinée pour un voile mal porté et que j'ai entrepris de partager sur les réseaux sociaux l'horreur de la vie sous la charia, les vidéos de jeunes femmes courageuses qui brûlaient leurs hijabs, ces mêmes personnes qui me félicitaient de toujours prendre la parole pour dénoncer les discriminations ont commencé à se montrer irrespectueuses, à me taxer d'islamophobe, à moquer les jeunes femmes iraniennes en les qualifiant de mécréantes, de filles faciles, d'Orientales souffrant du syndrome de l'Occidentale.

J'étais très étonnée, je tentais d'argumenter, de leur expliquer que les Iraniennes ne demandent qu'à vivre dans une démocratie laïque comme elles ici, en France. Mais rien n'y faisait. Je me sentais trahie, j'étais sous le choc. Certaines me suivaient depuis de nombreuses années, avaient vu mes filles grandir sur Instagram, m'écrivaient tous les jours. Puis, à partir de la révolution Femme, vie, liberté, elles ont changé. J'ai réalisé que le fait de toujours parler de ma culture et de mon pays d'origine, sans trop m'attarder sur l'islamisme, était acceptable pour elles. Mais entrer dans les détails d'une lutte contre un système tyrannique islamique leur faisait me montrer un visage que je n'avais jamais soupçonné. Elles étaient incapables de faire preuve de discernement quant à la situation en Iran, incapables d'empathie pour des femmes se battant courageusement pour la liberté. Elles aimaient la Mona iranienne qui parle de la beauté de son pays d'origine, de la gastronomie, des fêtes, mais pas celle qui porte la voix de son peuple contre l'obscurantisme.

Je n'avais plus le droit d'émettre de critiques sur le mariage de fillettes, sur la symbolique du port du voile, je n'avais plus le droit de dénoncer la charia. Tout était perçu comme une offense à leurs croyances. Je devais taire le malheur de mon peuple parce que c'était une insulte aux injonctions divines.

Certaines jeunes femmes ayant toujours vécu en France se révélaient porter en elles la même intolérance que les mollahs que nous combattions. J'ai commencé à réaliser petit à petit que je n'avais pas, face à moi, juste des personnes croyantes, mais bel et bien l'islamisme, ou l'islam politique comme certains aiment le nommer. Celui qui vous ôte tous vos droits et votre liberté de parole quand il prend le pouvoir. Je comprenais peu à peu que le voile n'avait pas une signification en Iran et une en Occident. Derrière se cachaient la même oppression, la même intolérance, la même idéologie.

Lorsqu'un média, sur les réseaux sociaux, postait un reportage sur la révolution Femme, vie, liberté et que nous lisions les commentaires, avec les filles de l'association, nous étions horrifiées. Des dizaines et des dizaines de commentaires terribles d'hommes et de femmes, ici même, en France, qui insultaient et moquaient nos victimes. Tous portaient des noms originaires de pays musulmans. Chaque jour était déjà une épreuve pour nous qui encaissions les nouvelles de toutes les exactions commises en Iran, mais nous étions désormais confrontées à la même idéologie ici même, en France.

Je me souviens de raids de messages haineux sous mes posts, souvent avec des pseudos comportant le mot « Oum » et toujours des versets coraniques cités dans leurs profils. Nous avons cherché et découvert que *oum* signifie « maman » en arabe. Des mères de famille étaient donc en train d'attaquer des femmes iraniennes sur les réseaux sociaux parce qu'elles ôtaient leurs voiles à plus de 5 000 km d'ici. Mais comment peut-on jouir du droit de le porter librement en France et ne pas comprendre que d'autres femmes, ailleurs dans le monde, ne veuillent pas se soumettre aux lois islamiques ? Comment peut-on jouir de l'égalité des droits, de la liberté de culte, du droit à l'avortement, du droit de danser, chanter, faire du sport, pratiquer le métier qui nous plaît ici en France, et ne pas comprendre que d'autres femmes puissent exiger les mêmes droits et se battre au prix de leurs vies pour l'obtenir ? Cette tolérance à géométrie variable me mettait dans des colères folles.

J'ai donc expliqué, encore et encore, sur les réseaux sociaux, ce pour quoi les Iraniennes se battent, ce qu'elles subissent, ce que veut dire vivre sous la charia. Toutes ces personnes qui se montraient haineuses avaient-elles déjà mis les pieds dans un pays régi par la charia pour oser défendre des systèmes oppressifs ?

Je voyais même des théories complètement farfelues où l'on accusait la jeunesse iranienne d'être à la solde d'Israël, d'être payée par la CIA, de chercher à faire tomber le plus grand et le plus puissant régime de résistance à l'Occident. On était pourtant plus d'un an avant le 7-Octobre et de la bascule totale que cette journée causerait dans nos sociétés occidentales. Même en l'écrivant deux ans après, la douleur et la colère que cela éveille en moi sont intactes.

Nous assistions, impuissantes, chaque jour, aux viols, tortures, arrestations, assassinats de jeunes femmes et de jeunes hommes de quinze à vingt-cinq ans dans les rues en Iran, et ici nous recevions une haine inattendue et très virulente. Certains avaient même commencé à relayer des vidéos de propagande du régime pour tenter de faire croire que les femmes étaient libres en Iran, qu'elles se voilaient de leur plein gré et que celles qui ne le portaient pas ne craignaient rien.

Le 27 septembre 2022, soit moins de deux semaines après la mort de Mahsa, j'écrivais déjà sur Instagram :

« Je n'ai pas le temps de polémiquer maintenant sur des sujets mineurs au vu de l'importance de ce qu'il se passe en Iran, mais quand je vois certains commentaires ici, en France, sous les vidéos ou sous les articles des médias français sur la révolte des femmes iraniennes et du peuple iranien, venant de jeunes hommes et femmes qui soutiennent le régime sous couvert de religion, ça me glace le sang. Ils ont tous des théories farfelues et complotistes sur le sujet sans aucune connaissance de l'histoire de l'Iran ni de la géopolitique.

Quand je vois des professeures me dire qu'elles craignent de parler en classe de la révolte des femmes iraniennes de peur de se faire agresser en cours, j'en ai des frissons. Qu'est-ce qui ne tourne plus rond dans ce pays pour que la République islamique soit devenue un modèle pour une tranche de la population ?

S'il vous plaît, éduquez les jeunes dans la bienveillance, la tolérance et le respect... Je ne crois pas en Dieu et je n'adhère pas aux principes des religions, mais je suis sûre d'une chose, la religion est spirituelle, et l'homme a décidé d'y croire pour devenir un être meilleur, tolérant et bon. Pas un oppresseur sanguinaire qui veut réduire les femmes au silence.

On peut vouloir la liberté de porter le voile sans cautionner ce que représente le port du voile par respect pour la liberté de culte, mais on doit aussi accepter que d'autres n'aient pas envie de le porter ni même de croire aux lois islamiques. Le respect doit aller dans les deux sens. Sinon, les extrêmes ont gagné, et nous, humains, aurons tout perdu. »

Ce message a déclenché une avalanche de commentaires haineux : « C'est un pays musulman, si elles ne sont pas contentes, qu'elles se cassent », « En même temps, vous voulez trop devenir des putes comme les Occidentales, respectez-vous », et d'autres joyeusetés toutes plus ignobles les unes que les autres.

Chaque jour, depuis plus de deux ans, je supporte cette haine en ligne, les insultes, les menaces, parfois de mort, les théories complotistes. J'ai pris une grande « claque islamique » en pleine figure… Vivre en France ne met pas à l'abri de la même idéologie qui a détruit mon pays de naissance. Et le phénomène est bien plus grave que ce que je pensais. D'autant qu'il est très difficile de le dénoncer sans être immédiatement taxée de « facho ». Une dictature de la bien-pensance grandement imposée par les milieux militants d'extrême gauche qui musèlent, par leur virulence sur les réseaux sociaux, quiconque voudrait témoigner.

Je me suis alors intéressée à la montée de l'intégrisme, aux réseaux de radicalisation, aux méthodes employées pour endoctriner les jeunes, j'ai parlé avec de nombreux experts, j'ai lu des articles, j'ai écouté des interviews, j'ai étudié les algorithmes TikTok et j'ai commencé à sortir de ma bulle de naïveté. Plus j'en apprenais sur le sujet, plus je mesurais la gravité de la situation dans laquelle nous nous trouvions. Cela me permettait aussi de mieux comprendre pourquoi le combat des Iraniens leur était aussi insupportable et froissait à ce point leurs croyances.

C'est une véritable guerre qui nous est menée. Les agents de propagande infiltrent les clubs de sport, les centres de loisirs, les écoles, les instituts de recherche, les partis politiques, les associations militantes, les médias. Le narratif est rodé et joue sur la culpabilité postcoloniale et l'anti-impérialisme pour favoriser une convergence des luttes entre anarchistes, marxistes et islamistes, les premiers devenant les idiots utiles du dernier.

Je me suis mise à communiquer avec de nombreux professeurs qui me parlaient de la réalité dans les salles de classe, à des élus municipaux, à des policiers qui me racontaient le quotidien sur le terrain. Ils voyaient monter l'intégrisme de façon inquiétante. Des jeunes qui ne veulent plus serrer la main des femmes, qui ne veulent plus qu'on diffuse de la musique en classe parce que c'est *haram*, qui refusent de se rendre dans des musées si des statues nues sont exposées, qui empêchent la bonne tenue des classes dès lors qu'on aborde le sujet de la Shoah, qui protestent en cours de science, qui huent les minutes de silence pour Samuel Paty, qui harcèlent ceux qui ne font pas le ramadan, qui mettent la pression sur les adolescentes pour les pousser à se voiler, qui font l'apologie du terrorisme et, surtout, qui développent une véritable haine de l'Occident et de la France, perçue comme un régime colonial auquel il faut faire payer son passé.

J'ai étudié l'utilisation qui était faite du mot « islamophobe » pour réduire au silence toute critique de l'islamisme. Et j'avais des exemples concrets tous les jours sous les yeux. L'arme absolue des prêcheurs de haine était de dégainer la carte magique de l'« islamophobie » et du « racisme » pour attirer les militants « anticoloniaux et antiracistes » qui, au fond, ne connaissent pas grand-chose à l'islamisme ni au danger qu'il représente pour nos valeurs républicaines.

Il me suffisait aussi de sortir dans la rue pour me rendre compte que l'idéologie gagnait du terrain dans la société. De plus en plus de jeunes filles, souvent encore adolescentes, portent le *jilbab*, cette tenue islamique qui recouvre tout le corps et la tête. Beaucoup mettent même le masque médical pour échapper à la législation sur la burqa.

Dans une naïveté absolue, les féministes et les « humanistes » parlent de « liberté de porter ce que l'on veut en tant que femmes », ramenant le hijab à une simple tenue, et occultant totalement son symbole et sa signification.

D'ailleurs, il suffit de se rendre sur TikTok ou sur Instagram, et de lire les commentaires sous les vidéos postées par ces jeunes femmes en *jilbab*. Une avalanche de « rappels » de la part d'hommes et de femmes. Les rappels sont une pratique en apparence bienveillante de remettre quelqu'un sur le droit chemin de la foi ; du reste, on voit très souvent cette expression « qu'Allah te guide » pour signifier à la personne qu'elle s'égare et doit se soumettre de manière plus rigoureuse.

Ainsi, on peut lire : « Ma sœur, tu ne devrais plus te montrer en vidéo, ou tu devrais flouter ton visage », « ma sœur tu ne peux pas mettre de musique sur ton réel, c'est *haram* », « ma sœur, je vois que tu as du vernis, n'oublie pas que tu ne peux pas prier avec du vernis », « ma sœur, tu ne peux pas partir en vacances, sauf si ton *mahram* [dans l'Islam, le *mahram* est, pour une femme musulmane, selon la charia, un « gardien », un tuteur légal sans qui elle ne peut voyager ou prendre des décisions importantes concernant sa vie] t'accompagne, mais une femme qui se respecte ne part pas en vacances entre filles », « ma sœur, ta tenue n'est toujours pas assez couverte, tu dois porter ce qui a été légiféré »... Ces rappels sont faits sans aucune violence ni insulte, mais ils sont si nombreux, si intrusifs et si insistants que la jeune femme est déjà prise au piège des injonctions islamiques, la privant, chaque jour un peu plus, de liberté. Alors même que ces femmes ont la chance de vivre en France, dans un pays où les femmes se sont battues pour avoir les mêmes droits que les hommes.

Les situations les plus difficiles sont vécues par celles qui ne souhaitent plus le porter. Elles reçoivent une flopée de reproches, d'insultes, de dénigrements. Elles perdent le respect de leur communauté. Je passe souvent du temps à lire les commentaires sous les vidéos de jeunes femmes voilées, et il est édifiant de constater la pression qui pèse sur elles. Une jeune fille de quinze ou vingt ans ne peut endurer de telles remarques en si grand nombre sans que cela l'impacte durement.

Et que dire de ces nouveaux contenus qui consistent à filmer des jeunes Françaises arrêtées dans la rue, à qui l'on propose de porter le voile et que des passants complimentent leur assurant qu'elles sont plus bien plus jolies et plus respectables ainsi ? Imaginons une seule seconde qu'on arrête des femmes voilées dans la rue et qu'on leur propose de retirer leur voile, ce serait considéré comme scandaleux. Mais le prosélytisme islamique est toléré, de peur que celui qui le dénonce soit perçu comme raciste.

Nous avons la chance de vivre en France, nous avons la chance de jouir de l'égalité des droits obtenue après de longues décennies de lutte féministe. Comment a-t-on pu en arriver à cette situation ? Pourquoi un tel silence des féministes sur cette réalité ? Comment osons-nous encore parler de liberté de choix quand on analyse l'engrenage psychologique qui se met en place chez les plus jeunes pour les pousser à penser que seule une femme voilée mérite le respect ?

Comment n'ai-je rien vu venir ? Moi qui connais l'histoire de l'Iran, qui connais les discours de la République islamique, qui sais comment ils fonctionnent pour culpabiliser, pour faire croire qu'une femme non voilée est une femme impure, je n'ai pas vu arriver cette vague islamique, il y a une vingtaine d'années, dans le pays où je vis.

Le port du voile a explosé, et avec lui le nombre de prédicateurs islamiques. Lorsque j'étais jeune, le port du voile était quasiment inexistant, et personne ne parlait de sa religion. Aujourd'hui, il est un marqueur social fort, qui sert à communautariser. L'IFOP révélait même en 2021 que 65 % des jeunes musulmans considéraient l'islam plus important que les lois de la République et qu'un lycéen sur deux avait déjà assisté à des revendications religieuses au sein de son établissement.

Ces chiffres ont plus de trois ans, et la situation s'est grandement empirée. Notamment depuis le 7 octobre et l'attaque terroriste du Hamas en Israël, qui a déclenché une terrible guerre entre le pouvoir islamiste à Gaza et l'armée israélienne.

Je n'incrimine pas les femmes portant le voile en France, j'incrimine notre société qui se tait devant ces dérives, qui n'ose pas parler, qui ne dénonce pas cette idéologie, qui ne cherche pas à éduquer, à alerter, à expliquer. Les Frères musulmans ne sont toujours pas classés comme entité terroriste en France, le corps des gardiens de la révolution islamique non plus, d'ailleurs, alors que les autorités connaissent leur pouvoir de nuisance et que la DGSI alerte depuis de nombreuses années.

Que faisons-nous pour juguler l'hémorragie idéologique ? Interdire l'abaya en France ne sert à rien si nous sommes incapables, malgré les multiples rapports d'experts, de classer les Frères musulmans sur la liste des terroristes, si nous sommes incapables de protéger nos professeurs qui ont peur et qui, pour certains, ont payé de leur vie leur volonté d'enseigner la liberté d'expression et la laïcité. Que faisons-nous pour nettoyer les mosquées des imams prêcheurs de haine, que faisons-nous contre tous ceux qui, en toute impunité, font l'apologie du terrorisme pour ériger en héros les bourreaux de nos peuples au Proche et au Moyen-Orient ?

En Iran, c'est l'alliance de l'extrême gauche et des islamistes qui a mené le pays à sa ruine. La convergence des luttes pseudo-anti-impérialistes et anticoloniales a abouti à une union des marxistes, des communistes, des moudjahedins-e-Khalq et des mollahs. Main dans la main pour plonger notre grande nation dans l'abîme.

J'ai de plus en plus l'impression d'assister à une réplique de l'histoire de l'Iran, quarante-cinq ans après, en France et partout ailleurs en Occident. Et ce sentiment désagréable de déjà-vu est partagé par une grande partie de la diaspora iranienne à travers le monde et est même sujet de moquerie en Iran. Les Iraniens écrivent souvent sur les réseaux sociaux, avec une pointe de sarcasme, « on dirait que le cancer que vous nous avez envoyé il y a quarante-cinq ans est venu vous hanter sur vos propres terres désormais », en référence au soutien de Giscard, de Carter et des intellectuels, comme Sartre, Foucault ou de Beauvoir, à Khomeini, qualifié alors de « saint homme » ou de « nouveau Gandhi ».

Un demi-siècle plus tard, en France, je suis menacée, harcelée, insultée parce que je parle de liberté, d'égalité des droits et de lutte contre l'islam politique. Des milliers de petits soldats de l'islamisme agissent en toute impunité sur notre sol sans que personne ne réagisse ni ne voie l'ampleur du nombre. En juin 2024, Bertrand Chamoulaud, directeur national du renseignement territorial, déclarait qu'il y avait 55 000 Frères musulmans recensés en décembre 2019 en France et qu'ils étaient désormais 100 000. Ce n'est que la partie visible de l'iceberg, car cela ne prend pas en compte tous ceux qui adhèrent à l'idéologie sans être encore pleinement actifs.

Je me souviens des mots d'une activiste iranienne qui déclarait dans une émission de télévision :

> « J'ai grandi dans un pays où on m'a dit : si tu montres tes cheveux, tu iras en prison, tu rece-

vras des coups de fouet, tu seras tuée. Comme Mahsa Amini. Mais ici, en Occident, on me dit : chut, si tu parles de cela, tu vas créer de l'islamophobie. La phobie, c'est irrationnel, mais croyez-moi, ma peur et la peur de millions de femmes iraniennes et afghanes est rationnelle. »

Elle avait raison. Cette dictature de la pensée a réussi à convaincre que parler de la révolution des Iraniens revient à participer à la montée de l'islamophobie et qu'il est donc préférable de se taire sur le sujet, et au diable les 85 millions d'Iraniens pris en otage par le régime !

C'est d'ailleurs cette manière de raisonner qui a poussé les milieux féministes à ne jamais s'engager à nos côtés. J'ai discuté avec des anciennes de chez #NousToutes ou d'autres associations qui ont claqué la porte, et elles m'ont toutes raconté la dérive idéologique totale dans leurs rangs, le diktat de la pensée unique d'extrême gauche, le dévoiement complet de la cause féministe à des fins anarchiques ou marxistes. Et toujours cette interdiction absolue de critiquer la misogynie et la violence envers les femmes victimes de l'islam.

D'ailleurs, ce terme même d'« islamophobie », qu'ils dégainent plus vite que leur ombre, ne devrait pas exister. En normalisant son emploi, on laisse la porte ouverte à des crimes d'inimitié envers Dieu ou de blasphème comme on en trouve dans le code pénal islamique en Iran et dans la quasi-totalité des pays musulmans.

Nous vivons dans un pays où la critique de la religion est permise, bien heureusement. S'en prendre à un individu parce qu'il est musulman est un délit, mais critiquer une idéologie religieuse ne le sera jamais. Et nous devons être intransigeants à ce sujet. L'islam n'est ni humaniste ni progressiste. Il ne sera jamais un manifeste du féminisme ni de la démocratie. Ne pas oser le dire, c'est déjà un signe que l'islamisme prend trop de place.

J'aurais dû comprendre dès l'attentat de *Charlie Hebdo* que la situation était grave. Des journalistes avaient été massacrés par des terroristes pour des dessins. De simples dessins ! Le tracé d'un crayon sur une feuille avait réussi à offenser assez leurs croyances au point qu'ils veuillent ôter la vie et qu'ils passent à l'acte. Et tant de gens ensuite qui écrivaient « oui, mais... » pour trouver des excuses à ces fous de Dieu. Tant de gens qui estimaient qu'ils avaient insulté le Prophète ou manqué de respect à leur religion et qu'ils n'auraient pas dû les provoquer. Ils étaient en train d'instaurer l'interdiction du blasphème avec, comme châtiment, la mort en cas de désobéissance. Et l'on continue à employer ce terme d'« islamophobie » que Khomeini adorait utiliser d'ailleurs contre les femmes iraniennes qui, déjà à l'époque, refusaient de se voiler.

J'aimerais profiter de ces quelques lignes pour redire ici toute l'admiration que je porte à l'équipe de *Charlie Hebdo*, l'équipe de presse la plus protégée de France, en raison des risques encourus, mais qui n'a jamais reculé ni baissé la tête face à l'obscurantisme. Une rédaction qui a été présente dans la lutte des Iraniens dès le premier jour et qui s'est à nouveau mise en danger, en décembre 2022 pour défendre notre combat. Sur son site Internet, elle avait alors lancé, par ces quelques lignes, un concours international de caricatures de l'ayatollah Khameini :

> « Réalisez la caricature la plus drôle et méchante d'Ali Khamenei, guide suprême de la République islamique d'Iran :
>
> *Charlie Hebdo* lance un concours international de caricatures du guide suprême de la République islamique d'Iran. Symbole d'un pouvoir religieux rétrograde, borné et intolérant, Ali Khamenei n'est le guide que de ceux qui veulent bien se coucher devant lui.
>
> Les dessinateurs et caricaturistes se doivent de soutenir la lutte des Iraniens qui se battent pour leur liberté, en ridiculisant ce chef religieux d'un autre âge, et en le renvoyant dans les poubelles de l'Histoire.
>
> Le projet politique de l'ayatollah Khomeyni de créer une République islamique est arrivé à

son terme et a démontré l'absurdité de vouloir diriger une société moderne avec des préceptes religieux.

La liberté à laquelle tout être humain aspire est incompatible avec l'archaïsme de la pensée religieuse et la soumission à toute autorité prétendument spirituelle dont Ali Khamenei est l'exemple le plus affligeant.

À vos crayons, pour qu'Ali Khamenei soit le dernier des Guides suprêmes que les Iraniens aient à subir. »

Les caricatures sortent un mois plus tard, dans le numéro du 7 janvier, date particulièrement symbolique, puisque c'était également un 7 janvier qu'avait eu lieu l'attaque terroriste dans leurs locaux, huit ans auparavant.

L'effet est immédiat. Colère noire des ayatollahs, menaces de mort et communiqués islamistes. Cela chauffe sous les turbans… Prévisible, me direz-vous. Mais ce qui était absolument incroyable, c'était la joie des Iraniens dans leur pays qui découvraient ces dessins. Ils les imprimaient pour les coller sur les murs des villes, ils les partageaient partout sur les réseaux sociaux. Dans la diaspora, même euphorie. On pouvait voir les caricatures de *Charlie Hebdo* aux quatre coins du monde, dans les manifestations Femme, vie, liberté.

Je crois bien que des millions d'Iraniens ont découvert *Charlie Hebdo* à ce moment-là, mais surtout sont devenus « Je suis Charlie » plus que quiconque. En voyant cet engouement, j'étais si fière d'être française et de vivre dans un pays où on était libres de provoquer même le guide suprême de la pire théocratie du monde.

Pour réaliser l'ampleur de ce que peut susciter une attaque contre leur guide suprême, le 2 septembre 2024, Hossein Shanbehzadeh, un écrivain et activiste iranien, a été condamné à douze ans de prison pour avoir juste mis un « . », un simple point, en commentaire d'un Tweet de Khamenei. Le régime a considéré cela comme un affront à sa personne. Ne cherchez pas de logique dans ce qui peut être ou non offensant pour les mollahs ou ce qui peut mener à la prison ou à la mort. Un système dictatorial peut estimer qu'une simple ponctuation est un signe de révolte contre le guide suprême. Dans un pays où l'on meurt pour une mèche de cheveux, on va aussi en prison pour un point tweeté.

Alors que des millions d'Iraniens savouraient cette initiative de *Charlie Hebdo*, en France, je voyais la même haine en ligne que celle que je subissais depuis quelques semaines, les mêmes personnes s'offusquer, crier au scandale et au manque de respect. Parfois même certaines avaient l'indécence d'écrire « à croire que ça ne vous a pas servi de leçon » ou « faudra pas venir pleurer après » à destination de l'équipe de *Charlie Hebdo*.

C'est vraiment à cet instant que j'ai compris que mon combat ne pouvait pas se limiter à l'Iran, que je devais aussi alerter et dénoncer la menace qui nous guettait sur notre sol. Que je devais me battre pour que nos principes républicains ne reculent jamais devant l'intégrisme, que nous ne lâchions pas une once de terrain sur la laïcité à ceux qui utilisent nos valeurs démocratiques contre nous.

J'avais alors décidé de ne plus me préoccuper de ce que pouvait penser une minorité haineuse, de ne plus chercher à me justifier sur notre combat en Iran, de ne plus espérer les convaincre ni craindre les étiquettes qu'ils tenteraient de me coller pour me faire taire. Désormais, j'allais les combattre, les dénoncer. J'allais alerter et partager avec le plus grand nombre tout ce que je découvrais et apprenais au fur et à mesure.

Je ne me censurais plus. En voulant m'intimider, ils avaient fait sauter les barrières que je m'infligeais de peur qu'on ne se méprenne sur moi. Je traduisais les discours des membres de la République islamique sur le voile, j'expliquais sa symbolique et sa nécessité de le rendre obligatoire dans l'espace public pour imposer l'islamisme. Je dénonçais toutes les atteintes à la laïcité en France, le poids de la propagande menée par les *fréristes*.

Je partageais les vidéos des Iraniennes qui ne mâchaient pas leurs mots sur l'islam et ses conséquences dans leur vie quotidienne. J'étais déterminée à ne plus laisser les musulmans les plus radicaux dérouler leur propagande. Si les féministes savaient hurler à l'intégrisme chrétien quand il sévissait en Occident, je serais la voix des grandes oubliées iraniennes, qui subissent un intégrisme bien plus criminel et meurtrier.

Cela n'a pas été sans conséquences puisque, régulièrement, de gros comptes marxistes, islamistes ou encore anarchistes postaient des *stories* sur notre association ou sur moi pour me décrédibiliser, m'intimider, tenter de me faire taire.

Alors que j'écris ce chapitre, je pose mon ordinateur pour une petite pause, et je tombe sur le discours de Mickaëlle Paty, la sœur de Samuel Paty, le professeur décapité le 16 octobre 2020, condamné à une mort barbare par un islamiste, juge et bourreau, pour le seul crime d'avoir voulu enseigner la liberté d'expression à ses élèves en abordant le sujet des caricatures de *Charlie Hebdo*. Un islamiste dont le Dieu très susceptible n'aurait pas supporté qu'un professeur tente d'éveiller les esprits en lançant un débat respectueux. Un islamiste poussé à l'acte par les mensonges d'une élève au comportement très problématique, par la haine de son père irresponsable et par la vindicte populaire de ces meutes islamisées qu'on a tendance à sous-estimer.

Elle est l'invitée de France 2, dans l'émission d'Anne-Sophie Lapix, pour la sortie de son livre. Elle se tient droite, déterminée, le regard inébranlable, la voix résolue, elle n'a pas peur de parler. Elle dénonce par ces mots :

> « Il y a une certaine volonté des donneurs d'ordres de ne pas regarder là où ça peut embêter, par peur d'amalgame et de stigmatisation [...] Je voudrais que les uns et les autres puissent faire leur examen de conscience et comprendre en quoi ils ont failli pour que, justement, on puisse établir des mesures correctives pour ne plus que ça se reproduise [...] Si la majorité se tait ou se met à genoux, ceux qui restent debout deviennent des cibles. »

Cette dernière phrase, je l'emploie dans toutes mes prises de parole lors de mes conférences. Ce qui fait qu'aujourd'hui des gens comme moi doivent vivre sous protection policière, c'est aussi et surtout parce que la majorité reste silencieuse. Soit par peur, soit par indifférence, soit parce qu'elle pense que, finalement, le problème n'est pas si grave. Parce qu'on lui a fait croire qu'il est raciste de dénoncer, parce qu'on lui a expliqué que ce n'est pas une priorité nationale, parce que des partis comme LFI ont brutalisé le débat public et la vie politique au point d'imposer aux citoyens, de gré ou de force, leur idéologie ou, devrais-je dire, leur compromission totale sur le sujet.

Un peu plus de trois ans après Samuel Paty, c'était Dominique Bernard qui était assassiné par un autre islamiste au sein même de son établissement scolaire. Qu'avons-nous fait depuis ? Nous sommes-nous habitués à ce qu'un enseignant exerce désormais une profession à risque ? Allons-nous distribuer des primes de risque à ceux qui instruisent nos enfants et préservent nos valeurs républicaines par le savoir, la pédagogie, la science, la culture, l'histoire ou la géographie ? Faire des minutes de silence, déposer des gerbes de fleurs, allumer des bougies ou mettre des hashtags « plus jamais ça » n'a jamais empêché l'obscurantisme de gagner du terrain.

L'islamisme hait l'Occident, la liberté d'expression, la liberté de penser, le blasphème, la femme, l'homosexuel, le juif, le chrétien et même le musulman qui ne se soumettrait pas assez assidûment à la charia. L'islamisme a détruit mon pays natal, et si nous continuons notre complicité par passivité ou lâcheté, il finira par détruire aussi notre belle République française.

Pourquoi craignons-nous tant d'affirmer nos valeurs ? N'est-ce pas notre renoncement qui devient un « laisser-faire » pour ceux qui nous combattent ? Je sais qu'il est plus dur d'aborder certains sujets publiquement, surtout lorsqu'on est français. Parce qu'on est immédiatement renvoyé à sa « blanchitude » pour se voir refuser le droit de s'exprimer sur l'intégrisme et même son ras-le-bol des atteintes à la laïcité.

Je suis ce qu'on appelle une « première génération d'immigrés », c'est-à-dire que je suis née à l'étranger et que j'ai été naturalisée ensuite. Je suis arrivée très jeune, mais j'ai obtenu la nationalité française à vingt-quatre ans. Ma mère, assistant à la montée de l'islamisme en France, se mettait toujours dans des colères folles. Plus jeune, je ne comprenais pas toujours pourquoi elle avait si peur devant des événements insignifiants. Désormais, je comprends qu'elle savait déjà comment les choses allaient évoluer en France parce qu'elle l'avait déjà vécu en Iran.

D'ailleurs, elle nous répétait sans cesse : « Quand tu es invitée à dîner chez quelqu'un, la politesse fait que tu t'adaptes à ton hôte. Tu ne débarques pas chez lui en lui demandant de changer sa déco, de changer sa musique, en lui faisant remarquer que tu n'aimes pas sa nourriture ou son appartement. Et si rien ne te va chez lui, eh bien, tu choisis un autre ami qui te correspond davantage. » C'était sa façon de nous dire que la France nous avait accueillis et qu'il était normal que nous adoptions la manière de vivre et la culture sans pour autant renier la nôtre.

Cette philosophie, je l'ai toujours gardée en moi. Après tout, elle a raison, je ne peux pas vivre dans un pays si je ne l'aime pas, si ses principes sont contraires à ma foi, si mon idéologie va à l'encontre de la Constitution. Très logiquement, je partirais vivre ailleurs où, finalement, je me sentirais plus en harmonie avec ce en quoi je crois.

Les personnes ayant fui l'islamisme sont les plus intransigeantes sur ces sujets-là. Et bizarrement, ce sont celles qui n'ont jamais vu, de près ou de loin, la réalité d'un pays dirigé par la religion, qui viennent piétiner nos principes laïques et se font les complices des « fous de Dieu ».

Je me souviens de ce jour où j'ai ouvert mes messages privés sur Instagram et me suis retrouvée devant un long texte qui n'en finissait pas, dans lequel une jeune femme militante d'extrême gauche, prénommée Lucie, m'expliquait que j'étais une horrible fasciste, que j'étais raciste, que je portais en moi les pires idéologies nazies, que le combat des Iraniennes n'était qu'un prétexte pour assouvir mon islamophobie, parce que j'avais rédigé un billet dans lequel je dénonçais la *story* d'une militante féministe américaine qui affirmait que les femmes étaient plus en danger de féminicide aux États-Unis qu'en Iran et qu'il fallait arrêter de stigmatiser la charia.

J'avais pourtant l'habitude des messages haineux de ce type venant de militantes totalement déconnectées de la réalité du Moyen-Orient, qui pensaient maîtriser le sujet après avoir lu deux livres sur le féminisme intersectionnel ou sur la convergence des luttes. J'ai donc branché ma caméra et j'ai décidé d'en faire une vidéo qui a été visionnée des centaines de milliers de fois sur les réseaux sociaux.

Mon but n'était pas tant de lui répondre directement, mais plutôt de me servir de son message pour exprimer mon inquiétude, mon désarroi et ma colère face à la montée de la pensée « charia compatible » dans notre pays, et ce, pour tenter d'éveiller les esprits sur la dangerosité de la moindre compromission avec l'islam dès lors qu'il devient politique et n'est plus encadré par des lois républicaines et laïques. J'ai adopté un ton léger et ironique pour capter l'attention des gens et leur faire réaliser l'indécence de soutenir l'islamisme ou de minimiser sa dangerosité, surtout en tant que femme.

J'aimerais vous la retranscrire, car elle résume parfaitement ce que ressentent de nombreuses femmes iraniennes de la diaspora, qui se retrouvent attaquées par d'autres femmes pour avoir dénoncé la répression et les exactions subies en vertu des lois coraniques.

« Lettre à Lucie, l'intersectionnelle.

Chère Lucie, à toi qui te permets de m'écrire un message pour remettre en question ma colère après avoir vu une féministe en carton poster sur son compte Instagram que les femmes américaines étaient bien plus en danger de mort par féminicide aux États-Unis qu'en Iran et que le problème n'était donc pas l'islamisme, toi qui remets en question ma légitimité à en avoir ras-le-bol des intersectionnelles se prétendant féministes, j'ai décidé de t'écrire une lettre que tu pourras largement partager avec tes camarades de lutte. Vois-tu, Lucie, nous, pauvres femmes racisées venant d'Iran, commençons à en avoir marre de votre syndrome de *white savior*. J'espère qu'après avoir écouté la lecture de cette lettre, tu comprendras à quel point ton positionnement sur l'islam politique est grotesque.

Tu t'es réveillée un jour avec la merveilleuse intention de défendre une idéologie noble qui consiste à dire que les femmes sont d'autant plus discriminées lorsqu'elles sont issues des minorités, qu'il était important de mener une convergence des luttes contre le sexisme, le racisme et les discriminations de classe. Tu as donc enfilé ta cape anticoloniale et anti-impérialiste, tu as décidé de battre le pavé, poing levé contre l'homme blanc, mais, surtout, tu as décidé de devenir notre voix.

Tu as tellement voulu être notre voix que tu as fini par nous demander de nous taire. Pire, tu as osé nous traiter, nous, de racistes et même remettre en doute l'honnêteté de mon engagement pour mon propre peuple. Chère Lucie du Périgord, tu as tendance à oublier un élément primordial dans ton analyse, nous sommes iraniennes et tu ne l'es pas. Nous connaissons la République islamique, et, au mieux, tu as mangé trois pistaches venant d'Iran dans ta vie pour asseoir ta légitimité.

J'ai très rapidement intégré le fait que nous n'aurions jamais votre soutien, votre présence à nos manifestations, et que toutes celles qui ont de l'influence et se font passer pour féministes, en prenant la parole sur tout et sur rien, ne le feraient jamais pour nous. Et tu sais pourquoi nous vous dérangeons tant ? Parce que nous refusons de nous laisser infantiliser ou silencier [sic] par des Lucie qui pensent mieux savoir que nous ce que nous combattons. Des Lucie si éloignées de la réalité d'un régime islamique qu'elles veulent nous faire taire pour ne pas qu'on vienne entacher leur idéologie nauséabonde de compromission envers l'islamisme.

Je vais essayer de t'expliquer afin que tu comprennes pourquoi en Europe, aux États-Unis et ailleurs dans le monde, on commence à en avoir ras la casquette de vos prises de parole. Ou devrais-je dire ras le voile pour te faire plaisir.

Tu m'as qualifiée de raciste portant les pires théories fascistes. Laisse-moi te dire ce qui est fasciste. C'est l'apartheid sexuel, c'est la lapidation, le fouet, le viol systémique, la torture, la pendaison. Ce qui est fasciste, c'est de massacrer des femmes pour une mèche de cheveux. C'est de monter le corps d'un jeune homme innocent, avec une corde autour du cou, en haut d'une grue jusqu'à ce que mort s'ensuive. Ce qui est fasciste, c'est de priver un peuple de liberté, de démocratie, de souveraineté. Le fascisme, c'est ce que subissent les femmes afghanes, iraniennes, yézidies et tant d'autres. Ce fascisme a un nom, chère Lucie, l'islamisme.

Tu sais descendre dans la rue pour dénoncer le christianisme aux États-Unis lorsqu'il s'oppose à l'avortement, mais si je fais la même chose contre l'islam pour parler de mon pays, alors je deviens une horrible islamophobe. Tu te sens tellement supérieure à nous que tu as décrété que, nous, femmes iraniennes, nous ne méritions pas mieux que la charia. Et si nous crevons dans la rue en hurlant "Pas de voile, pas de soumission, égalité et liberté", eh bien, nous ne méritons plus votre soutien. Il ne faudrait pas qu'on commence à gêner votre lutte du port du voile en France. Tu es raciste et suprémaciste, mais tu t'ignores encore. Tu l'es tellement que tu t'es octroyé le droit de venir m'agresser et me menacer de te désabonner [rire ironique]. Pars, Lucie, pars ! Mais ne prends plus la parole pour détourner notre lutte. Nous ne pouvons plus supporter de vous voir coller des photos de femmes avec un voile à côté d'une femme ne le portant pas avec ce magnifique slogan que vous avez inventé : "Chacun son choix." Personne ne scande cela en Iran. Alors, pourquoi nous inventer des slogans ?

Vous êtes tellement déconnectées de la violence d'un régime dictatorial et théocratique que vous avez l'audace de comparer cela à votre vie privilégiée en démocratie, voire pire, à la laïcité. Il y a une semaine, tes amies intersectionnelles ont utilisé le visage de nos victimes en écrivant sur leurs affiches : "Soutien à la lutte internationale pour le droit de porter ou non le voile." Pourtant, notre révolution a bien un nom, "Femme, vie, liberté". Elles ont osé utiliser le visage de toutes ces jeunes femmes, parfois même encore des enfants, qui ont été battues à mort, violées, torturées, jetées de toits d'immeubles, pour avoir manifesté, pour avoir brûlé ce voile de l'oppression que vous voulez à tout prix remettre sur leur tête, pour avoir réclamé l'égalité des droits dont tu jouis ici.

Ce que nous combattons, Lucie, c'est l'islam politique. Celui qui dicte les règles d'une société, pend des homosexuels, lapide des femmes pour adultère, coupe des doigts et des mains à vif pour vol, condamne à mort pour inimitié envers Dieu, torture à mort pour apostasie, applique la loi du talion et estime qu'une femme vaut la moitié d'un homme.

Lucie, nous sommes bien plus dignes et éclairées que tu ne le penses. Et si toi et tes idées nauséabondes avez le droit à la démocratie et à la laïcité, nous le méritons aussi amplement. Si, dans ton pseudomilitantisme, tu n'as pas le courage de dénoncer les ravages du patriarcat religieux islamique et que tu préfères le taire de peur de plaire à l'extrême droite, alors tu es complice de ce que vivent des millions de femmes à travers le monde, tu es complice de la propagation de cette idéologie mortifère ici même, en France. Non seulement tu n'as pas le courage de le faire, mais tu oses, en plus, demander à celles qui l'ont de se taire.

Je ne crains pas les ayatollahs, je ne crains pas non plus tes chers amis amoureux de la femme et de la charia qui m'insultent et me menacent de mort chaque jour que "Dieu" fait. Les femmes en Iran résistent fièrement et continuent de brûler leur voile en scandant "À bas la République islamique". Tu te doutes bien que ce n'est pas ta menace hautaine de désabonnement qui va me faire trembler.

Je ne vais pas te souhaiter, chère Lucie, de passer de la théorie à la pratique, mais j'ai quand même très envie de t'envoyer faire un stage de féminisme en Iran pour que tu découvres la définition de ce mot que tu dévoies.

Je suis féministe, ne t'en déplaise, et je me battrai toujours pour l'égalité des droits et contre l'islamisme. Alors, fais converger les luttes si tu veux, mais n'oublie pas l'essence même du féminisme et son incompatibilité avec les lois islamiques. Sors de ton politiquement correct. Sois digne et courageuse, essaie d'être un tout petit peu iranienne plutôt que de vouloir leur ôter la parole.

Le pire, c'est que je suis sûre que tu es la première à hurler dès que quelqu'un fait de l'appropriation culturelle, mais tu ne te gênes pas pour m'expliquer ce que je dois ressentir, faire ou dire. Moi qui suis iranienne et toi qui manges des pistaches.

Tu sais ce qu'on dit en Iran, chère Lucie ? "Tu ne peux pas brûler des femmes faites de feu." Alors, continue à jouer à la pyromane, je te promets que nous vaincrons quand même. Femme, vie, liberté. »

Chapitre 6

Continuer à vivre sans sombrer

Depuis que je mène ce combat en France, un peu plus de deux ans, mon plus grand échec est de n'avoir pu concilier le militantisme avec ma vie d'avant. Certains diront qu'on ne peut pas parler d'échec lorsqu'on voit le chemin parcouru et la portée de nos actions en France. Mais il y a, comme toujours, un côté public et un côté privé.

La réalité est bien différente de l'image que je peux renvoyer en société. La réalité, c'est que, depuis l'assassinat de Mahsa Jina Amini, j'ai laissé beaucoup de plumes sur le chemin du militantisme.

Dès les premiers jours, il y a eu une rupture totale entre ma présence physique en France et ce qui se jouait dans mon esprit qui ne pouvait quitter l'Iran. Au fur et à mesure que les vidéos nous parvenaient d'Iran, que je découvrais l'horreur qui s'abattait sur mon peuple dans les rues, je perdais pied.

Je n'arrivais plus à dormir. Et c'est toujours le cas, plus de deux ans après. La fatigue doit m'assommer au petit matin pour que je puisse enfin apaiser mon esprit pour me reposer quelques heures. Mon lit m'était devenu insupportable. Alors, je me suis infligé le fait de dormir sur le canapé durant plus d'un an et demi. Malgré les douleurs dans tout le corps, il m'était impossible de me résoudre à m'allonger confortablement. Je revois ma mère me dire : « Mona, dors dans ton lit et cesse de culpabiliser d'être ici pendant qu'ils meurent là-bas. Tu ne peux pas faire plus que ce que tu fais déjà, cesse de te punir. »

Mais c'était inenvisageable. Quand mon conjoint allait se coucher, je pouvais laisser les émotions parler. Je pleurais souvent, très souvent, mais parfois cela ne suffisait pas à soulager mon esprit. Alors je me sentais étouffer, je sentais ma gorge se serrer, mon cœur battre trop fort, et je devais sortir prendre l'air sur ma terrasse, parfois durant plus de deux heures, en plein hiver, pour respirer. D'autres soirs, je hurlais dans un oreiller pour calmer ma rage et mes sanglots.

Dès les premières semaines, j'ai été incapable de travailler et de continuer à m'occuper du quotidien. J'ai perdu de nombreux contrats aussi. Comme on dit : « Business is business. » Les gens n'avaient pas à supporter ce qui se passait en moi. J'ai commencé à voir des milliers de personnes se désabonner de mon compte. Des gens qui me suivaient depuis longtemps, qui ont tenu quelques semaines, mais qui préféraient la Mona qui fait rire, met de bonne humeur, décore des appartements et des maisons, et partage son quotidien de mère de deux petites filles. Pas celle qui souffre pour son peuple et poste du contenu politique du matin au soir.

Ce qui était totalement paradoxal, c'était qu'à mesure que je menais mon combat, j'étais de plus en plus attaquée sur les réseaux sociaux. Et l'argument qui était le plus utilisé contre moi était celui de dire que je me fichais bien de ce qui arrivait aux Iraniens, que toutes mes actions n'étaient motivées que pour « faire le buzz et gagner des *followers* ». Même quelques mauvaises langues au sein de la diaspora tenaient ce discours.

Alors que je perdais mon activité professionnelle et mes revenus, que mes contrats étaient annulés, que les marques ne voulaient plus travailler avec moi, que les gens quittaient mon navire Instagram, je devais, en plus, supporter des attaques injustes et blessantes.

Malgré tout, la seule chose qui comptait était de survivre. Et pour survivre, je devais faire « quelque chose ». Les filles de l'association sont devenues une seconde famille, une *safe place* dans laquelle je pouvais me confier, partager une douleur commune, agir et, parfois même, rire malgré les circonstances. Je savais qu'elles comprenaient ce que je ressentais, qu'elles ne me jugeraient pas de ne plus être une bonne mère, une bonne partenaire de vie pour mon conjoint, de ne plus gagner ma vie.

J'ai aussi appris à vivre avec la culpabilité de ne pas être à la hauteur pour ma famille. Tous les jours, Cadio, mon conjoint, doit se lever et gérer seul les filles. Il fait les courses, va les chercher à l'école, les sort les week-ends et supporte de voir sa femme n'être plus que l'ombre d'elle-même. J'étais et je suis consciente que je dois changer les choses, mais je ne trouve pas la force de le faire.

Au sein de mon association, je vois bien que les autres réussissent à mener de front leur carrière, leurs activités associatives, leurs sorties et leurs moments de détente, mais j'ai toujours été de nature excessive. J'ai une personnalité hypersensible qui m'empêche de prendre le recul nécessaire entre l'activisme et la vie privée. Et puis, je suis assez réaliste sur ce qu'implique l'engagement. Si je ne passais pas toutes mes journées et soirées à œuvrer pour créer du contenu sur les réseaux sociaux, pour informer, donner des conférences, organiser des manifestations, animer des réunions, rencontrer des gens, nous ne pourrions pas faire tout ce que nous faisons actuellement. Notre parole ne toucherait pas un si large public.

J'ai aussi pris mes distances avec mes amis, incapable d'écouter ou de m'intéresser aux banalités du quotidien. J'ai bien essayé, mais comment rester concentrée sur une conversation portant sur les prochaines vacances (que je ne pouvais plus m'offrir), sur une aventure amoureuse ou même sur tout autre sujet du quotidien en France, quand, en Iran, une personne est pendue toutes les six heures, des dizaines de milliers de jeunes sont encore emprisonnés et torturés chaque jour, et la région est à feu et à sang, plongée dans une guerre qui n'en finit plus ?

Parfois, j'aimerais trouver la force d'allier ma vie quotidienne et mon militantisme. J'aimerais trouver les clefs pour apaiser mon esprit quelques heures par jour et profiter entièrement de ma famille et de la vie en général. La République islamique détruit la vie de plus de 85 millions d'Iraniens dans le pays. Elle a détruit la vie de nos parents, forcés à l'exil, qui n'ont jamais pu vivre pleinement, déchirés par la douleur d'avoir été arrachés à leur terre natale qu'ils ont vue sombrer. Elle a détruit des familles entières qui ont dû fuir aux quatre coins du monde en ayant, toutes, des membres restés en Iran. Mais elle a aussi détruit beaucoup d'entre nous depuis septembre 2022. Elle mène une guerre meurtrière sur le terrain, mais aussi une guerre psychologique qui a fait énormément de dégâts.

Les révoltes de rue nous ont tous gonflés d'espoir de voir enfin tomber ce régime criminel. Khamenei était plus fragilisé que jamais. Mais, encore une fois, leur violence et leurs crimes ont eu raison des protestations. Pourtant cette fois, le feu de la révolte ne s'est pas éteint. Même si les gens ne sortent plus par dizaines de milliers dans les rues, chacun continue de résister à sa manière en attendant la prochaine étincelle. De très nombreuses femmes ne portent plus le voile malgré la répression, les gens boycottent massivement chaque élection, les jeunes brûlent les bannières à la gloire de Khamenei et taguent les murs avec des slogans révolutionnaires, les artistes utilisent la musique ou le cinéma pour dénoncer les mollahs malgré les emprisonnements. Chacun, à son échelle, fait ce qu'il peut pour que la flamme ne s'éteigne pas. Nous, la diaspora, sommes leur relais, mais aussi un de leurs moteurs. En nous voyant continuer à agir, ils savent que nous y croyons toujours et que nous sommes à leurs côtés. Mais nous avons dû, tous, apprendre à faire preuve de patience, nous avons dû encaisser le fait que tout ne se ferait pas en un claquement de doigts et qu'il nous faudrait être résilients et, surtout, endurants. Pour chaque pas en avant, nous avons appris à en faire deux en arrière. Mais à chaque avancée, le régime des enturbannés s'essouffle un peu plus.

Notre combat est celui de David contre Goliath. Celui d'un peuple abandonné par la communauté internationale et qui ne peut compter que sur lui-même pour se libérer. Cela aussi, il a fallu l'encaisser. Être française et voir le monde dit libre tourner le dos aux Iraniens. Voir que nous étions prêts, en Occident, à taire nos valeurs, nos principes et même à nous mettre en danger en continuant la complaisance envers les plus gros financeurs du terrorisme mondial qui nous promettent destruction et islamisme. Plus de deux ans après, il m'est toujours aussi incompréhensible de voir les choix géopolitiques qui sont faits par nos dirigeants et leur inconscience à laisser un tel régime perdurer malgré les attentats en Europe, malgré les ingérences pour faire monter l'intégrisme en Occident, malgré leurs proxys terroristes (Hamas, Hezbollah, Houthis, etc.), qui ont semé le chaos partout au Proche et au Moyen-Orient, malgré les attaques barbares du 7 octobre 2023 en Israël.

Les Iraniens disent toujours « West is next », l'Occident est le prochain. Une manière de dire qu'après l'invasion islamique en Iran avec la révolution de 1979, après la mainmise des ayatollahs sur le Liban, la Syrie, l'Irak, Gaza, le Yémen, après les attaques en Israël, les prochains sur la liste sont les Occidentaux. J'ai d'ailleurs changé cette expression en « West is now », car l'inconscience de nos politiques, leur léthargie face à l'urgence de la situation et le constat amer que je fais chaque jour en observant la France, la Belgique, la Suède, le Canada et même les États-Unis font que ce n'est plus hypothétique, mais bel et bien déjà là. Le danger islamique est déjà présent et gangrène totalement nos sociétés, avec, comme unique but, celui de détruire nos modèles démocratiques.

Cette douleur et cette colère que je ressens et que je partage avec tant d'Iraniens de la diaspora, qu'ils soient sur le continent américain ou européen, sont de plus en plus intenses. Nous voyons nos sociétés plier ; nous voyons nos valeurs reculer ; nous observons nos universités et grandes écoles tomber ; nous regardons la laïcité être combattue pour la détruire ; nous voyons les attentats déjoués, les ingérences islamiques prospérer, les *fake news* et les propagandes envahir les réseaux sociaux ; nous lisons aussi les insultes et les menaces de mort quotidiennes qui nous sont destinées, et nous savons que la bascule est en train de s'opérer. Nous hurlons pour être entendus, mais au lieu de nous écouter, on nous tourne le dos ou, parfois même pire, on nous colle une étiquette de « fachos d'extrême droite » pour discréditer notre parole. Tous ces « idiots utiles » de l'islamisme ne réalisent pas que c'est aussi leur peau que nous essayons de sauver contre cet ennemi qu'ils refusent de voir et qui n'épargne personne lorsqu'il frappe.

Tout ceci peut parfois être très décourageant et exténuant psychologiquement. Mais je tiens le coup en me rappelant que les mollahs misent justement sur notre lassitude collective pour se maintenir au pouvoir. Ils misent sur notre silence, pour pouvoir reprendre les négociations au grand jour avec l'Occident prêt à sacrifier 85 millions d'Iraniens sur l'autel de ses intérêts géopolitiques et financiers. Et surtout, ils misent sur notre peur.

Depuis deux ans, je crois que la question qu'on m'a le plus posée est : « Et tu n'as pas peur parfois ? » Je dois avouer que non. Je ne sais pas si c'est de l'inconscience ou un déni, mais je refuse d'avoir peur, je refuse de les laisser me réduire au silence, ici même, en France. J'ai la chance de vivre dans un pays démocratique où les services de renseignement et de police sont au service des citoyens pour leur assurer la protection. Je vis sous protection policière. Je me suis habituée, au fur et à mesure des mois, à être toujours accompagnée par deux hommes en armes.

Le 5 octobre 2022, lorsque, prise d'une rage folle, j'ai coupé mes longs cheveux avec la première paire de ciseaux que j'avais sous la main, pour me soulager du poids que représentaient ces satanés cheveux pour l'islam, je n'imaginais pas que tout cela irait si loin.

Au fur et à mesure des conférences, des manifestations, des interventions dans les médias, j'ai découvert que dans notre pays, toutes les personnes qui œuvrent contre l'islamisme finissent inévitablement par vivre sous protection policière, qu'elles luttent contre la République islamique en Iran, les Frères musulmans ou toute autre organisation islamique.

Je n'oublierai jamais ce jour où, lors d'un rendez-vous, on m'a annoncé que je devais désormais être protégée, car ma vie était menacée. Je ne savais pas comment le dire à mon conjoint, qui en supportait déjà tellement, ni comment en parler à ma mère sans qu'elle soit trop inquiète. Et, bien sûr, je pensais à mes filles. Je me rendais compte que, sans le vouloir, je les mettais aussi en danger.

C'est d'ailleurs au cours d'un séjour de quelques jours en Normandie, en famille, que j'ai reçu un coup de fil d'Iran d'un membre du régime qui m'a directement menacée de m'envoyer des photos de mes filles. Ses mots exacts étaient : « Branche ta caméra ! Tu vas signer les documents que je t'envoie. » Ces documents étaient rédigés pour saisir tous mes biens en Iran et m'obligeaient à renoncer à tout ce pour quoi j'ai dû grandir sans mon père à mes côtés. J'ai refusé de brancher la caméra de mon appareil, de peur de ce qu'il allait me montrer. C'est alors qu'il m'a dit : « Branche la vidéo, tu veux que je t'envoie des photos de tes filles là tout de suite pour que tu comprennes. » À ce moment-là, elles jouaient dans un parc avec leur père. Je n'étais pas à leurs côtés. Les policiers qui me protègent ont aussitôt demandé du renfort pour sécuriser le parc où elles étaient. Ce jour-là, j'ai ressenti la peur, la vraie.

J'ai aussi ressenti une profonde reconnaissance pour ces hommes, ces policiers, ces héros de l'ombre qui me permettent de continuer à porter la voix de mon peuple. Souvent, je me dis que les gens devraient savoir tout ce qu'ils font sans que nous le sachions. Que ce soit au sein de la DGSI, de la police, des renseignements. Les Français se rendent-ils compte de la chance que nous avons de les avoir pour empêcher le pire de se produire à chaque instant ?

J'ai réalisé leur dévouement à leur métier lors d'une de mes sorties. J'avais rendez-vous dans des bureaux dans le 16e arrondissement de Paris. En sortant, nous avons traversé la rue, et une voiture est arrivée assez vite. J'ai dit, sur le ton de la plaisanterie : « Oh là, attention ! Ce serait dommage qu'on meure écrasés par une voiture. » L'officier de sécurité m'a répondu : « Que je meure. Parce que je devrais vous pousser et me jeter à votre place pour vous sauver la vie. » C'est vraiment sur cet épisode anodin que j'ai réalisé que ces hommes avaient fait le choix de préserver la vie de citoyens français au péril de la leur.

J'avais, comme beaucoup, des préjugés sur les policiers. Mais durant tous ces mois à être à leur contact, à partager mon quotidien avec eux, à discuter, à les connaître, énormément de choses ont changé en moi. J'ai compris à quel point ils aiment leur métier et leur pays. À quel point, ils peuvent souffrir, parfois au sein même de leur famille, des attaques qu'ils peuvent subir à cause des généralisations faites sur leur profession. J'ai découvert des hommes et des femmes bienveillants, empathiques et profondément républicains. J'ai mis du temps à m'habituer à cette présence policière à mes côtés, d'autant que toutes les semaines, les équipes changent. Même si, au fil du temps, certains reviennent. Désormais, ils font partie de mon quotidien. Et comme les appelle ma fille de quatre ans, ce sont nos superhéros.

Le slogan de notre révolution en Iran est « Femme, vie, liberté », mais il a une suite que peu de gens connaissent : « Homme, patrie, prospérité. » Ainsi, dans les rues, les hommes scandent « Femme, vie, liberté » et les femmes répondent « Homme, patrie, prospérité » pour rendre également hommage au courage des hommes iraniens qui se sacrifient par milliers pour la liberté de tous, pour rappeler que ce combat n'est pas que celui des femmes et qu'il ne serait pas possible sans l'appui des hommes.

Ainsi, à ma minuscule échelle, il est important pour moi de vous raconter que Femme Azadi, mon association, bien qu'exclusivement composée de femmes, ne pourrait avancer totalement sans le soutien de beaucoup d'hommes de l'ombre, dont les policiers. Alors, messieurs, si vous lisez mon livre, merci !

Chapitre 7

Le couperet de la pendaison est tombé

Nous sommes le 28 octobre 2024, je me suis accordé quelques jours loin de Paris avec ma petite famille et je viens de rentrer après avoir profité de mes filles. À peine de retour, alors que j'avance sur l'écriture de mon livre, la nouvelle tombe comme un couperet. Jamshid Sharmahd a été pendu. Je vois son visage en photo sur mon téléphone, le bandeau « breaking news », je lis la nouvelle en persan et je ne peux y croire. Je vérifie sur trois sources différentes tellement je ne peux me résoudre à accepter que ce soit vrai. Et ma colère éclate. Je ne peux retenir mes larmes en pensant à Ghazal, sa fille, que je connais personnellement et qui se bat depuis plus de quatre ans pour sauver son père de l'échafaud.

Jamshid avait soixante-huit ans. Il était activiste et militait contre la République islamique par l'intermédiaire de son média. Il était d'origine iranienne, mais il vivait aux États-Unis après avoir longtemps vécu en Allemagne, dont il avait obtenu la nationalité. Alors qu'il se rendait en Inde pour un voyage, il a effectué une escale à Dubaï. C'est lors de cette escale, dans son hôtel, qu'il a été kidnappé par des agents de la République islamique en août 2020, et ce, bien qu'il ne possède même pas de passeport iranien. Il a ensuite été ramené de force en Iran, placé à l'isolement, torturé quotidiennement, condamné à mort en février 2023 puis pendu le 28 octobre 2024.

Dès son kidnapping, sa fille Ghazal a dédié toute sa vie à porter sa voix et à tenter par tous les moyens de le faire libérer en interpellant les autorités allemandes et américaines, en vain. Aucun de ces deux pays n'a œuvré à sa libération. Pire encore, Biden a même passé un accord en septembre 2023 avec la République islamique d'Iran. Il lui a donné six milliards de dollars, a libéré plusieurs prisonniers iraniens en échange de cinq otages irano-américains, dont Jamshid ne faisait pas partie, l'abandonnant à une mort certaine.

Les otages d'État font partie des moyens de pression dont se sert le régime contre l'Occident. Cela leur permet d'obtenir des sommes astronomiques, la libération de leurs terroristes, mais aussi un levier important pour échapper à des sanctions. Il y a, aujourd'hui encore, trois otages français emprisonnés à Téhéran. De simples touristes deviennent une monnaie d'échange de grande valeur.

Durant ces deux années, nous n'avons eu de cesse d'alerter les Français pour qu'ils ne se rendent plus en Iran. Le pays est sur la liste rouge du Quai d'Orsay ; malheureusement, je vois, tous les jours, des « aventuriers en sac à dos » s'y rendre et en inciter d'autres à partir, photos et vidéos à l'appui, pour montrer la beauté du pays et la bienveillance du peuple. Des inconscients qui ne réalisent pas qu'ils sont une véritable épine dans notre pied lorsqu'ils sont arrêtés et que le gouvernement français sera prêt à sacrifier 85 millions d'Iraniens pour les récupérer.

La fille de Jamshid passait beaucoup de temps à créer du contenu pour alerter sur la situation de son père, mais aussi pour dénoncer la complaisance des autorités occidentales à l'égard du régime des mollahs. Les six milliards débloqués par Biden, et ce, à la veille du triste anniversaire de la mort de Mahsa Amini, ont été perçus comme une véritable trahison par les Iraniens et, surtout, un terrible aveu de faiblesse de la première puissance mondiale face à des enturbannés aux méthodes terroristes.

Ghazal tentait désespérément d'expliquer que tant que chaque pays négocierait en direct et de manière personnelle pour ses ressortissants en finissant inexorablement par céder aux demandes de Téhéran, alors rien ne changerait. Pire, même, c'étaient des encouragements à les pousser à continuer. Elle préconisait de monter une coalition internationale regroupant tous les pays concernés et de mettre la pression sur Khamenei en le menaçant collectivement de sanctions sévères tout en exigeant la libération de tous les otages.

Malheureusement, comme une source me le confiera en off, la France a trop peur de perdre un otage, car cela serait très mal perçu par l'opinion publique, d'autant que cela fait des décennies qu'aucun otage n'a été exécuté. Alors, nous sommes prêts à courber l'échine pour les récupérer. Pire, même, nous refusons de sanctionner ou de classer le corps des gardiens de la révolution sur la liste des entités terroristes pour ne pas fâcher les mollahs.

Enfin, quand je dis que les pays occidentaux ont peur de perdre un otage, cela n'est vrai que lorsque ce dernier n'est pas binational. Notre vie n'a pas la même valeur dans les négociations. Jamshid a été totalement abandonné par l'administration Biden, mais également par le gouvernement allemand.

Ironiquement, ce matin, au lendemain de l'annonce de sa pendaison, je lis les titres de la presse française, qui reprennent la dépêche AFP : « L'Union européenne envisage des mesures contre Téhéran après l'exécution en Iran d'un dissident irano-allemand » ou encore « L'Iran exécute un dissident irano-allemand, suscitant la colère de Berlin ».

Hier soir, Ghazal a posté une vidéo sur Instagram, malgré la douleur de la nouvelle de la pendaison de son père à une grue. Elle avait le visage dur, le regard déterminé, en colère… Elle écrivait en légende qu'on allait assister dans les prochaines heures à l'hypocrisie du gouvernement allemand et de l'Union européenne, qui allaient jouer la carte de l'indignation et de possibles sanctions alors qu'il aurait fallu se soucier de la vie de son père quand il respirait encore, pas une fois pendu au bout d'une corde.

Cela fait deux ans que la diaspora iranienne réclame à l'Union européenne de classer le corps des gardiens de la révolution islamique (les forces armées du régime chargées de tous les proxys terroristes et de la répression intérieure) sur la liste des entités terroristes. Deux résolutions ont été votées par le Parlement européen, mais le Conseil de l'Europe se refuse toujours à le faire. Aucun pays de l'Union européenne n'a jugé qu'il était temps d'agir contre cette pieuvre islamiste qu'est la République islamique en Iran.

On ne s'habitue jamais à l'annonce d'une pendaison. Imaginer ce que ressent le prévenu durant sa dernière nuit, imaginer qu'il a sûrement peur, qu'il souffre des tortures infligées, qu'il sait qu'à la première prière de l'aube il sera pendu, souvent à une grue, jusqu'à ce que mort s'ensuive ne peut devenir banal. Pour les Iraniens, le son d'une prière coranique rappelle la mort, la souffrance, l'injustice. C'est au son de « Allah akbar » que le couperet de la pendaison tombe.

Le régime sait que l'impact psychologique des pendaisons est terrible. La République islamique est le pays qui exécute le plus au monde proportionnellement à sa population. C'est un moyen très efficace d'instaurer la peur et la terreur au sein de la population. Il n'y a pas de justice en Iran, juste des simulacres de procès, des motifs de condamnation s'appuyant sur le Coran, nul besoin de preuves ou d'enquêtes, la justice d'Allah, exécutée par les mains criminelles de juges et bourreaux, est expéditive et sans pitié.

Lors des protestations Femme, vie, liberté, les jeunes arrêtés étaient condamnés à mort pour inimitié envers Dieu ou corruption sur terre. Aucun de nous n'oubliera la première pendaison. Nous nous sommes réveillés ce jour-là et avons découvert sur nos téléphones une vidéo déchirante. Un voisin y filme une femme au loin, il est très tôt, il fait extrêmement froid, et ses cris transpercent le silence de la rue. On entend sa douleur, elle hurle : « Mohsen ! Mohsen ! Mon fils ! » Son corps se courbe sous le poids de la nouvelle qu'on vient de lui annoncer, plie totalement, elle tombe au sol. Quelqu'un tente de s'approcher d'elle, mais elle continue à hurler en appelant le prénom de son fils. Mohsen Shekari, vingt-deux ans, vient d'être pendu. Il sera le premier d'une longue liste. La nouvelle nous tétanise, nous brise, nous détruit. Nous réalisons alors que les dizaines de milliers de jeunes entre les mains du régime sont peut-être les prochains Mohsen.

Quelques jours plus tard, très exactement le 12 décembre 2022, Majidreza Rahnavard est pendu à son tour. Il n'avait que vingt-trois ans et son seul crime, comme Mohsen avant lui, est d'avoir manifesté pour réclamer les droits humains les plus basiques. Le régime a poussé l'horreur jusqu'à réaliser une interview de lui juste avant sa pendaison. Il était apparu à la télévision d'État en uniforme à rayures de prisonnier, les yeux bandés, le bras cassé en écharpe, et les mains et les pieds attachés. Au journaliste qui lui avait alors demandé ses dernières paroles, Majidreza avait répondu : « Ne pleurez pas, ne soyez pas triste, ne lisez surtout pas le Coran et ne faites aucune prière, soyez heureux. » Il a ensuite été pendu publiquement à une grue, et son corps a été laissé plus d'une demi-heure à la vue de tous. Jusqu'à son dernier souffle, il aura résisté à l'islamisme et à l'idéologie du régime.

L'annonce de sa mort a brisé psychologiquement une nation entière. L'injustice était trop dure à encaisser. Quelques jours après sa pendaison, nous avons appris que son bras était en écharpe, car les milices du régime le lui avaient brisé parce qu'il avait un tatouage avec un lion et un soleil et qu'il soutenait et aimait les Pahlavi (dernier shah d'Iran). Ils l'avaient torturé, lui avaient cassé le bras et brûlé sa peau parce qu'il portait nos emblèmes millénaires de la Perse, ceux présents sur le seul et unique drapeau de l'Iran.

La République islamique déteste plus que tout l'Iran, son histoire, sa culture, ses traditions, qu'elle perçoit comme des ennemis de l'islam. L'islamisme hait le patriotisme, et c'est justement ce patriotisme qui a sauvé les Iraniens, de génération en génération, de leur idéologie obscurantiste.

Le 7 janvier 2023, Mohammad Mehdi Karami et Seyed Mohammad Hosseini ont à leur tour été pendus. Karami avait dit à son père au téléphone : « Je suis condamné à mort, papa, s'il te plaît, ne dis rien à maman. » Hosseini, quant à lui, était orphelin. Il n'avait plus personne dans la vie pour se soucier de son sort. Et pourtant, une nation entière a pleuré sa mort. Une nation entière a partagé la douleur des parents de Mehdi. Khamenei tuait notre jeunesse dans la rue et dans les prisons.

Il voulait nous détruire tous. Il voulait que chaque jeune sache qu'il ne reculerait devant aucune barbarie pour faire taire la rue. Et face au silence assourdissant du reste du monde et à l'absence de sanctions, il avait la voie libre pour continuer.

Depuis deux ans, les exécutions ont explosé en Iran. En moyenne, un Iranien est pendu toutes les six heures par le régime.

Nous avons tenté par tous les moyens de les sauver. Nous avons alerté la presse, nous avons organisé des manifestations, nous nous sommes rendues devant l'ambassade de la République islamique pour protester, nous avons collé des affiches dans la rue. Nous avons fait allumer la tour Eiffel avec le slogan « Femme, vie, liberté » et « Stop executions in Iran », qui était le hashtag lancé mondialement par la diaspora iranienne. Nous avons même, avec plusieurs autres collectifs, trouvé un parrain, député français, par condamné à mort afin de médiatiser chacun de ces cas. Des centaines de députés ont accepté. Mais rien n'a arrêté la machine à tuer judiciaire des mollahs, et la répression a eu raison des manifestants, qui ont commencé à s'essouffler et à ne plus sortir.

Perdre chacun de ces jeunes était comme perdre des membres de nos familles. La souffrance de leurs familles, les pleurs de leurs mères, le désespoir de leurs pères étaient nôtres. Chaque dernier souffle au bout de leur maudite corde est une blessure qui ne cicatrisera jamais en nous.

La pendaison qui fut la plus difficile à vivre pour moi fut celle de Mohammad Ghobadlou. Je ne sais pas si cela est dû au handicap de ma propre fille, mais savoir qu'il était atteint de troubles mentaux et qu'il était privé de traitement m'était insupportable. Il n'avait que vingt-deux ans, il était très beau, avec un visage si juvénile et innocent. Nous avons cru à plusieurs reprises qu'il serait épargné. Il a été condamné à mort, et la première fois, lorsque le régime avait laissé entendre qu'il allait être pendu, la foule s'était rassemblée devant les portes de la prison pour protester et tenter de le sauver. Sa mère pleurait et hurlait au milieu des gens que son fils était innocent, que toutes les preuves étaient là, qu'il devait vivre, qu'il avait besoin de son traitement. Ces images étaient déchirantes. La douleur d'une mère derrière ces grandes portes pénitentiaires qui crie de toute son âme en espérant que son fils et ses geôliers l'entendent. Cette nuit-là, Mohammad n'a pas été pendu.

Sa peine de mort a même été annulée par la suite. Mais contre toute attente, après 487 jours de détention, il a été pendu le lundi 23 janvier 2023. Sa famille a appris son exécution imminente à 17 heures, ses avocats ont été arrêtés pour les empêcher de tenter un recours judiciaire. À nouveau, sa famille s'est mobilisée derrière les portes de la prison. La diaspora, partout à travers le monde, a inondé les réseaux sociaux de son visage et de son histoire, essayant désespérément de le sauver.

Je n'ai pas fermé l'œil, cette nuit-là. Je regardais les heures passer, je pleurais et j'étais en colère. Je me demandais comment il allait, s'il avait froid, s'il avait pu manger un dernier repas, si malgré l'absence de traitement il arrivait à gérer ses troubles mentaux. Je me demandais à quoi il pouvait penser, s'il entendait les cris de sa famille derrière ces hauts murs de béton et de barbelés. Et puis, cette image que je n'oublierai jamais, son père faisant les cent pas sous la pluie avec une couverture typiquement iranienne sur le dos. Une photo floue, de mauvaise qualité, prise de nuit, mais qui m'a fait ressentir tout le désespoir d'un parent qui savait qu'il ne pouvait plus rien faire pour sauver son fils des mains des barbares qui le retenaient et à qui l'on avait refusé le droit de dire adieu à son enfant.

Et le couperet est tombé. Ils venaient de le tuer. Mohammad était mort. C'était fini, nous avions échoué. Et toujours ces mêmes cris de la famille qui apprend la nouvelle. Cette mère qui hurle : « Ils ont tué mon fils. » Comment font-ils pour continuer à vivre après une telle épreuve ? Est-ce l'espoir de voir un jour l'Iran être libre, justice être rendue ou vengeance être faite qui permet à ses dizaines de milliers de parents iraniens de continuer à respirer quand leurs enfants ne sont plus ?

Combien de jeunes encore devront sacrifier leur vie pour que mon peuple soit libre ?

Il y a des douleurs qui ne s'expliquent pas, elles se vivent. Si je dis à quelqu'un qui me voit pleurer « j'ai mal parce que Mohammad a été pendu », réalise-t-il à quel point cette douleur est vive, à quel point elle me brise ? Comprend-il qu'à chaque dernier souffle de chacun de ces héros de la liberté, c'est une partie de moi qui meurt à jamais ? Tous ces jeunes font partie de nous. Nous connaissons chaque trait de leur visage, ce qu'ils aimaient, ce qu'ils faisaient, nous connaissons leurs familles, leur histoire, mais surtout leur courage nous oblige. Nous ne pouvons que leur être éternellement reconnaissants d'avoir donné leur vie pour leur pays, pour leur peuple, pour nos rêves à tous.

Je rêve souvent de ce jour où nous pourrons décrocher toutes les plaques des rues en Iran que les mollahs ont islamisées et les rebaptiser avec les noms de chacun de nos résistants.

Chapitre 8

Le viol comme arme de guerre

Dès les premières semaines de contestation en Iran, nous savions. Le régime, au-delà de torturer, de battre, de tuer, avait décidé d'utiliser massivement le viol sur les dizaines de milliers de jeunes arrêtés dans les rues pour punir, pour semer la terreur, pour humilier et pour se venger.

Nous savions que de nombreuses jeunes filles suppliaient leurs parents de leur apporter des pilules contraceptives et/ou du lendemain lorsqu'ils venaient les voir en prison. Nous avions des témoignages de jeunes libérés qui racontaient les sévices qu'ils avaient subis. Femmes, hommes et enfants. Personne n'était épargné.

Je me rappelle un soir où, comme à mon habitude, j'étais sur mon téléphone à regarder les images qui nous parvenaient du pays lorsque je suis tombée sur une vidéo de quelques secondes prises à l'intérieur d'un centre d'interrogatoire des services de renseignement du régime. On y voyait plusieurs jeunes, mains attachées dans le dos, gisant au sol, ventre contre terre, avec les sous-vêtements baissés et du sang au niveau des parties intimes. Et ils avaient été laissés ainsi les uns à côté des autres sans pouvoir se lever ni fuir. J'ai vomi cette nuit-là.

La barbarie de ce régime n'a aucune limite. Il ne recule devant aucune torture, aucune exaction pour anéantir toute volonté de liberté du peuple. De nombreuses jeunes femmes ont expliqué qu'elles préféraient être tuées dans la rue par balle plutôt que d'être prises vivantes, car elles savaient ce qui les attendait dans les geôles de la République islamique.

Le viol a toujours fait partie de l'ADN de ce régime. Khomeini avait même décrété à son arrivée au pouvoir qu'il fallait violer toutes les prisonnières vierges avant leur exécution pour les empêcher d'aller au paradis. Et pour rendre le viol hallal, rien de plus simple pour le régime. Ils mettaient en place des *sigheh* (mariages temporaires chiites, parfois de quelques heures seulement, validés par un imam, qui permettent de consommer une femme sans être dans le péché. Cela rend même la prostitution possible pour leurs propres besoins). Après que la femme avait été pendue, le gardien pénitentiaire se rendait chez la famille avec une boîte de pâtisseries pour se présenter aux parents et leur signifier qu'il était leur « gendre ». Les familles comprenaient alors que non seulement leur fille avait été tuée, mais qu'en plus elle avait dû subir un viol juste avant.

Nous tentions d'alerter les médias et l'opinion publique sur l'horreur que subissait le peuple iranien chaque jour. Nous dénoncions sans relâche les viols d'une extrême barbarie sans que ces agissements ne soient jamais condamnés par les gouvernements occidentaux, par les organismes internationaux tels que l'ONU, sans que personne ne s'en offusque vraiment.

Amnesty International a mené une grande enquête rendue publique sur son site pour alerter. Ce rapport détaille les viols et donne la parole à douze femmes, vingt-six hommes, six garçons et une fille mineurs. Toutes les personnes ayant témoigné l'ont fait au péril de leur vie, car elles se trouvent toujours à l'intérieur du pays.

Il est très compliqué de recueillir ces témoignages, car les victimes ont souvent honte et préfèrent le cacher, notamment les hommes. Lors de l'écriture de mon précédent livre, *Je suis iranienne*, j'ai pu récolter celui d'une jeune femme battue violemment et violée dans la rue par des *bassidji*, lors des protestations de 2022, ainsi que celui de la sœur d'un jeune homme qui avait été violé avec une matraque par des policiers, en détention, pour obtenir des aveux forcés de sa part. Leurs témoignages sont effroyables, et le plus dur est de se dire qu'il doit y avoir des dizaines de milliers de victimes à travers tout le pays et qu'on ne pourra sans doute jamais recenser toutes les horreurs commises ni leur rendre justice à toutes.

Le rapport d'Amnesty International permet également de lire quelques témoignages et de prendre conscience du courage que cela demande de manifester dans la rue en sachant les risques.

Voici le témoignage de Maryam, qui a subi plusieurs viols en réunion alors qu'elle se trouvait en détention pour avoir manifesté pacifiquement dans la rue :

> « Ils ont commencé à m'arracher mes vêtements, et quand je les ai suppliés d'arrêter, ils m'ont mis un énorme coup de poing dans la bouche qui s'est remplie de sang. Ils étaient trois. Ils m'ont violemment violée. Le vagin, avec leurs organes génitaux. Et l'anus, avec une bouteille. Après cela, j'ai perdu conscience. Je me suis réveillée quand ils m'ont jeté de l'eau au visage en criant à d'autres : "Venez chercher cette pute dégueulasse. Pute, salope, tu baisais tous les soirs et maintenant tu fais l'innocente avec nous ?" Les gardiens m'ont jetée dans une cellule, comme si j'étais un tas d'ordures. Ils

m'ont dit : "Vous êtes toutes accros au pénis, alors on t'a fait passer un bon moment. C'était pas ça que tu voulais en réclamant la liberté ?" »

Maryam appelait Dieu à son secours pendant les viols, ils lui ont asséné cette phrase épouvantable en réponse : « Il n'y a pas de Dieu ici. Nous sommes ton dieu. On t'enterrera et personne ne le saura. » Maryam était vierge. Ils ont détruit sa vie.

Les femmes ne sont pas les seules victimes, les hommes n'y échappent pas. Ainsi, on découvre également le témoignage bouleversant de Farzad :

« J'ai été libéré de prison sans inculpation au bout de quelques jours. Les autorités avaient essayé de trouver quelque chose pour m'inculper, mais elles n'ont rien trouvé.

Après ma libération, un de mes amis, qui avait également été détenu en prison puis libéré, m'a appelé pour que l'on se voie.

Le lendemain de notre rencontre, il s'est suicidé. Je ne sais pas s'il a également été violé. Il m'a dit qu'il avait été torturé, mais il ne m'a pas dit qu'il avait été violé. Il avait peut-être honte de me dire qu'il avait été violé, tout comme j'ai eu honte de lui dire que j'avais été violé. »

Une commission indépendante de l'ONU a aussi enquêté durant plus d'un an et a rendu un rapport de plus de 500 pages sur tous les crimes contre l'humanité, les viols, les tortures, les enlèvements, les assassinats et les pendaisons commis par le régime. Un rapport effroyable qui n'a pas empêché les Nations unies de dérouler le tapis rouge à nos bourreaux, encore et encore. António Guterres a même poussé l'affront jusqu'à organiser une cérémonie en hommage au président de la République islamique, Ebrahim Raïssi, mort dans le crash de son hélicoptère le 19 mai 2024. Une minute de silence, des fleurs, un portrait géant de lui, la signature d'un livre d'or à sa mémoire. Le boucher de Téhéran, responsable de la mort de dizaines de milliers d'innocents, nous crachait au visage même après sa mort, avec la complicité de l'ONU. Et toujours aucune sanction à l'horizon pour rendre un début de justice aux Iraniens.

Ce sentiment d'impuissance vous brise psychologiquement. Vous savez les horreurs, vous savez les viols et les exactions, mais vous voyez le monde rester sourd et aveugle. Les intérêts géopolitiques avant tout, et au diable le peuple iranien ! Cette impunité dont a pu jouir la République islamique a une conséquence indéniable : encourager la répression.

Nufdi, une ONG américano-iranienne, a d'ailleurs publié une étude qui montre parfaitement que lorsque la pression et les sanctions sont au plus haut contre le régime, les exactions et les pendaisons baissent. La comparaison est édifiante entre la politique dure et sans concession menée par Donald Trump contre Téhéran et la politique conciliante et molle menée ensuite par le président Biden.

Nous avons tout tenté pour faire réagir l'exécutif et les médias. Nous avons mené une « opération coup de poing » avec les Femen devant le Musée du Louvre pour alerter. Nous avons également partagé tous les détails du cas d'Armita Abbasi, une jeune femme emprisonnée qui avait été emmenée clandestinement à l'hôpital par les services de renseignement après une hémorragie anale, conséquence des viols terribles qu'elle avait subis. Son histoire avait bouleversé les Iraniens. Elle avait été révélée par le personnel de l'hôpital qui, face à l'horreur de ce qu'il avait vu, avait secrètement prévenu sa famille. Les agents du régime avaient alors décidé de la faire sortir de l'hôpital, sans même laisser le temps aux médecins de la soigner.

Elle a depuis été libérée et a pu fuir le pays. Elle s'est confiée dans une interview exclusive à IranWire, un site d'information opposé au régime, qui informe en continu les Iraniens. Son histoire doit être connue parce qu'elle reflète celle de dizaines de milliers de jeunes à l'intérieur du pays, qui ne pourront certainement jamais témoigner.

La journaliste s'est rendue en Allemagne, à la rencontre d'Armita, vingt ans au moment de son arrestation, pour recueillir son témoignage sur les graves tortures et les viols qu'elle a subis en détention. Elle est l'une des figures les plus connues de cette révolution. Son visage a été partagé des centaines de milliers de fois sur les réseaux sociaux pour réclamer sa libération.

Armita a quitté l'Iran tout juste deux mois avant cet entretien et est arrivée à Munich en octobre 2024, où se sont réfugiés de nombreux Iraniens comme elle. Armita est un véritable symbole de cette génération Z opposée à la République islamique. Une génération née plus de deux décennies après l'avènement du régime des mollahs et qui n'a connu que la répression, la violence et la privation de la liberté.

Je vous ai traduit cette interview pour rendre hommage à son courage et à sa résilience :

> « J'ai toujours attiré l'attention parce que j'ai toujours eu un style très différent et original. [Au moment de l'interview, Armita a les cheveux bleus, un épais trait d'eyeliner et de très longs ongles.]
>
> Je ne sais pas trop d'où me vient cette originalité, mais, depuis ma plus petite enfance, je voulais être différente des autres. C'est vers treize, quatorze ans que j'ai eu accès à Instagram et que j'ai pu m'intéresser au féminisme. J'ai réalisé alors que ma manière de penser et de voir

les choses portait ce nom de “féminisme”. J’ai commencé à développer mes réseaux sociaux en ce sens, à poster du contenu pour expliquer que nous, les femmes, avons le droit d’être libres, de ne pas porter le voile. Mais pour être crédible, j’ai voulu incarner ce que je prônais et je voulais montrer à ma communauté qu’une femme en Iran pouvait vivre ainsi.

Tu sais, beaucoup sont nées dans des familles religieuses, même ce n’était pas mon cas. Pour elles, la révolution commence au sein même du foyer familial.

Grâce aux réseaux sociaux, je me suis fait de nouveaux amis à Téhéran et je retrouvais le même état d’esprit que le mien chez eux. Comme c’est une grande ville, la manière de penser est différente. C’est pourquoi j’ai décidé d’y emménager. Mes parents n’étaient pas d’accord, car je n’avais que dix-neuf ans. Mais je ne leur ai pas laissé le choix et je suis partie. Je n’avais pas les moyens, mais j’étais déterminée à y aller et à y trouver un travail. J’ai commencé en collocation avec une amie. Et je me suis ensuite formée au tatouage.

Quand Mahsa Amini a été tuée, c’était terrible de me dire que, dans la même ville où je sortais sans voile (par résistance), une jeune femme avait été tuée pour une mèche de cheveux. C’est donc tout naturellement que j’ai pris part aux manifestations. Je me disais que si nous restions silencieuses alors qu'elle venait de se faire tuer, dans quelque temps, ils nous tueraient nous aussi. Nous, c'est-à-dire toutes celles qui réclament l'égalité des droits.

J'ai participé à toutes les manifestations de rue. J'y allais avec des amis, parfois même seule. Au bout d'un mois, un soir, avec deux personnes, nous sommes allées écrire des slogans sur les murs. Avec nous, il y avait un garçon que je n'avais pas vu plus de deux fois dans ma vie. Après avoir fait ce que nous avions à faire, nous sommes partis. Il avait un sac à dos. Des agents ont voulu nous arrêter pour cette raison, car à l'époque, les forces du régime arrêtaient tous les jeunes qui portaient des sacs à dos pour vérifier ce qu'ils contenaient.

Nous avons réussi à fuir. Je lui ai proposé de venir quelques heures chez moi le temps que la rue se calme, car son domicile était très éloigné du lieu où nous nous trouvions. Il est resté deux ou trois heures, et a eu le temps de voir tout ce qu'il y avait dans mon appartement, notamment les composants pour réaliser des cocktails Molotov. Je les avais disposés sur un plateau et je les gardais ainsi sans les assembler.

Je voulais en fabriquer pour les distribuer aux jeunes dans la rue pour qu'ils puissent les utiliser en cas de danger imminent, car à Gohardasht, où je vivais, la répression était terrible. Les patrouilles arrivaient de toutes les rues pour encercler les gens qui étaient alors pris dans un piège. Nous avions l'habitude de fuir et de nous réfugier là où nous pouvions, comme dans les parkings des gens. Et nous y restions jusqu'à ce que les patrouilles partent.

Mais imagine ce qui se passait pour celui qui ne réussissait pas à se cacher ! Nous avions donc avec nous tout ce qui nous permettait d'empêcher une attaque de leur part. Nous prenions des fumigènes, des pétards ou tout ce qui pouvait ralentir un de leurs assauts meurtriers contre nous. Voilà pourquoi j'avais de quoi faire des cocktails Molotov chez moi. J'espérais ainsi pouvoir en fabriquer pour aider dans la rue.

Donc, ce soir-là, il a vu tout ça puis il est parti. Il a ensuite été arrêté par les services de renseignement et leur a donné mon nom et mon adresse. Ils sont venus m'arrêter.

J'étais assise dans une salle d'interrogatoire et l'un d'entre eux s'est assis face à moi. Il a commencé à m'insulter, à me menacer et à me mettre la pression. Il me disait : "Tu t'habilles comme une pute pour sortir dans la rue, qu'est-ce que c'est que ces tenues que tu portes ? En plus, tu oses vivre seule. Tu n'es qu'une traînée, tu es une prostituée. Tu n'as donc pas de famille ?

Tu ressembles à une droguée. Il faut tuer toute votre génération.”

Durant tout ce temps, j’avais les yeux bandés, les mains menottées, et je n’avais pas le droit de bouger. Ils me laissaient ensuite des heures sans que personne ne vienne me voir. Si tu prononces un mot, ils te frappent sur le crâne, te giflent et te disent de la fermer.

Ils m’ont demandé le code secret de mon téléphone, mais j’ai refusé de leur donner. [Elle se met à pleurer.] J’ai fini par accepter pour pouvoir en échange prévenir ma mère que j’étais en vie. J’avais l’habitude de lui envoyer un message avant de sortir manifester et de la rassurer une fois rentrée. J’avais trois chats à l’époque. Des chats errants que j’avais recueillis et qu’il fallait nourrir. Celui qui m’interrogeait m’a donc dit que si je leur donnais le code, je pourrais la prévenir.

J’ai donc débloqué mon téléphone et il s’est mis à rire. Il avait remonté un peu le bandeau que j’avais sur les yeux pour me permettre de faire le code. Mais je n’avais pas le droit de lever le regard, pour que je ne puisse pas voir leurs visages. Ils avaient très peur qu’on les voie et qu’on puisse ensuite les reconnaître. Il m’a dit : “Tu voulais parler à ta mère ? Tu te souviens que je t’ai dit que tu pourrais le faire dans une trentaine de minutes ?” J’ai répondu “oui”. Et il m’a dit : “Mes trente minutes à moi sont éternelles, tu n’es pas près de lui parler.” Il a pris le téléphone et a quitté la pièce. J’ai réalisé à cet instant la gravité de ce que j’avais fait, mais surtout que je ne devais pas leur faire confiance.

Ils sont allés chez moi en utilisant mes clefs. On m’a dit par la suite qu’ils avaient tout cassé, tout retourné, qu’on aurait cru à une explosion à mon domicile. Mes trois chats affamés étaient là. Mon voisin m’a dit plus tard qu’ils les avaient violemment battus devant lui, qu’ils les jetaient contre les murs en riant et en se moquant de l’amour que j’avais pour eux. [Armita a du mal à parler tant elle est bouleversée.] Vous savez, mes trois chats avaient déjà beaucoup souffert dans la vie quand je les ai adoptés. Ils les ont tellement battus que deux d’entre eux en sont morts. Mais, moi, je n’en savais rien durant toute ma période de détention. Ma mère me faisait croire qu’ils allaient bien.

C’est une partie de ma vie qu’ils m’ont prise. Ces chats étaient comme mes enfants. Ils ont aussi volé tout ce qui avait de la valeur chez moi, notamment mes bijoux. Ils sont même allés jusqu’à prendre mon maquillage et des tenues qui leur plaisaient. Je peux à la limite comprendre qu’ils prennent mes bijoux tellement ils sont pauvres et ont faim. Mais prendre du maquillage déjà utilisé ? Tu vas faire quoi avec ça ? L’offrir à ta femme ? Imagine entre les mains de quels "crève-la-dalle" nous sommes tombés. [Durant les protestations du mouvement Femme, vie, liberté, le régime se donnait beaucoup de mal pour faire croire que les manifestants étaient des agents payés par les puissances étrangères ennemies de la République islamique. Dans un de ses discours, Khamenei, le guide suprême, a très clairement dit que tout ce qui se passait dans les rues en Iran était téléguidé par "les États-Unis et le régime criminel sioniste" plutôt que de reconnaître que c'était une révolution du peuple iranien contre un régime qui occupe l'Iran par la terreur et la répression.]

Après être allés chez moi, avoir trouvé les composants de cocktail Molotov et avoir vu que j'avais un compte Instagram avec dix mille *followers*, ils voulaient que je signe des aveux pour dire que j'étais un leader des contestations de rue.

Ils m'ont gardée six jours en garde à vue. Ils me détenaient dans un lieu à part des autres et me disaient que mon cas était différent parce que j'avais été dénoncée et que les choses me concernant étaient très sérieuses. Ils me sortaient de manière aléatoire de la cellule. Je ne savais jamais quand j'allais partir pour un interrogatoire.

Je faisais très attention à ce que je disais, je craignais beaucoup qu'ils me condamnent à mort. Quand je sortais manifester, je ne prenais jamais mon téléphone, ils n'avaient donc aucun moyen de savoir où et quand j'étais sortie manifester. Cela les rendait encore plus suspicieux à mon égard de voir que j'avais pris beaucoup de précautions pour ne pas être repérée, d'autant que j'effaçais toujours ce que j'avais de compromettant dans mon téléphone.

Ils voulaient à tout prix alourdir les charges qui pesaient contre moi. Ils voulaient que je signe des aveux pour dire que je faisais partie des leaders de rue, que j'envoyais des informations et des vidéos aux médias étrangers. Je restais très concentrée pour ne surtout pas me laisser endormir l'esprit et dire ce qu'ils voulaient entendre. Ils formulaient les questions de manière à t'amener à avouer ce que tu n'avais pas fait.

Les tortures psychologiques sont très dures à supporter. Parfois, ils allaient jusqu'à me montrer de fausses communications sur mon téléphone en me disant : "On sait que c'est toi qui as écrit ça, il te suffit d'avouer." C'était à en devenir dingue.

Je n'avais pas de mèches dans mes cocktails Molotov. Mais ma famille m'a raconté, plus tard, qu'ils en avaient, eux-mêmes, ajouté pour prétendre qu'ils étaient prêts à être utilisés. Ils les avaient ensuite pris en photo comme éléments à charge contre moi. Ils voulaient que je leur dise que j'en avais déjà utilisé auparavant.

Comme ils étaient remontés à moi grâce à une dénonciation, ils voulaient, par mon biais, retrouver d'autres manifestants. Mais j'ai tenu bon. Ils ne sont pas parvenus à remonter jusqu'à qui que ce soit par mon intermédiaire.

J'ai compris pendant les interrogatoires à quel point ils manquaient d'hommes. On entendait souvent la rumeur, mais j'ai pu le constater de mes propres yeux. Mon interrogateur n'arrivait pas à trouver de remplaçants, et il venait parfois avec son fils, faute d'un moyen de garde. Le petit avait cinq ans et il avait des difficultés à parler. Il était toujours très agité dans la salle d'interrogatoire. Il sautait partout.

Pendant qu'il m'interrogeait, il pouvait s'interrompre quand son enfant avait besoin de quelque chose. Il changeait de ton pour lui parler et lui répondre avec douceur. Je l'interpellais fréquemment sur ce sujet. Je lui disais que même lui, avec son esprit limité, se souciait un peu de son enfant. Je lui disais "un peu", parce qu'il emmenait tout de même un enfant en bas âge dans une salle d'interrogatoire. Et je tentais de l'amadouer en lui répétant qu'il aimait son fils et qu'il pourrait se mettre à la place de ma mère, qui n'avait aucune nouvelle de moi depuis de longs jours.

Un jour, je lui ai même dit : “Si tu veux que ton fils finisse comme toi, élevé dans la haine et le mépris, dénué de toute humanité, continue à le ramener ici, assister à ce que tu me fais. Tu me maltraites devant ses yeux, tu banalises la violence et tu en feras une ordure comme toi.” Mais il n’écoutait pas et se mettait très en colère.

Quand je dis qu’il se mettait en colère, je peux juste dire que le rapport de CNN sur ce que j’ai subi est totalement vrai, mais je ne veux absolument pas évoquer tout cela. [CNN avait rapporté qu’Armita avait été violée et avait subi des pénétrations anales si violentes qu’elles avaient provoqué une grave hémorragie obligeant ses geôliers à l’emmener à l’hôpital.] Je fais comme si tout ceci n’avait jamais eu lieu. [Armita craque en pleine interview. Elle ne parvient plus à retenir ses larmes. Elle boit un peu d’eau. L’interview doit s’arrêter quelques instants.]

Quand ils m’ont emmenée à l’hôpital, ils m’ont allongée sur un brancard. Rien qu’en me voyant, les gens pouvaient immédiatement comprendre ce qu’il se passait. Ils tentaient de faire croire qu’ils étaient des membres de ma famille. Ils avaient mis un drap sur mes mains pour cacher les menottes. J’allais tellement mal que je le voyais même dans le regard des gens. Personne n’était dupe.

Ils ont tiré les rideaux autour de moi, et les infirmières trouvaient sans cesse des excuses pour venir me voir et ne pas me laisser seule. Elles étaient très inquiètes pour moi. Elles tentaient de me poser des questions, mais je n'avais pas le droit de répondre. Une *fati commando* [les agents féminins de la République islamique, toujours habillées de tchadors noirs et austères] m'accompagnait pour être sûre que je ne dise rien à personne.

J'ai profité d'un instant où elle a passé un coup de fil à son fils pour faire le signe de SOS avec ma main à l'interne qui était venue me voir. [Armita fait le signe international de la main qui se ferme sur le pouce et qui est un moyen pour toutes les femmes de signifier à autrui silencieusement qu'elles sont en danger.]

J'ai pu les alerter sur le fait que j'étais en danger sans que la *fati commando* s'en rende compte. L'interne a quitté la pièce et est revenue quelque temps plus tard. Elle a ensuite prétexté qu'elle devait me mettre une sonde pour vider ma vessie. J'ai compris que c'était une ruse. Elle m'a demandé si je parvenais à uriner. J'ai répondu que non. Elle a donc insisté, malgré le refus de l'agent, pour me sonder. Elle s'est placée devant le champ de vision de la *fati commando*, m'a glissé un papier et un stylo, et m'a chuchoté d'écrire le numéro de ma mère.

Avec les mains attachées et la situation, j'ai très mal écrit. Un des chiffres était illisible. Elle a appelé toutes les combinaisons possibles jusqu'à réussir à joindre ma mère pour la prévenir que j'étais hospitalisée. C'est ainsi qu'elle a découvert où j'étais, mais surtout dans quel état.

Mon cas est rapidement devenu médiatique après ça. Je l'ai compris parce qu'après mon retour de l'hôpital, en salle d'interrogatoire, ils cherchaient à savoir comment j'avais pu divulguer des informations à l'extérieur pour alerter sur tout ce que j'avais subi. Ils étaient très ennuyés de l'ampleur que mon affaire prenait au sein de l'opinion publique.

Ils ont fini par me laisser voir ma mère en échange d'aveux forcés. J'ai enfin pu revoir ma famille après tout ce que j'avais subi. Ils m'ont ensuite mis un tchador noir et ils ont fait venir deux journalistes de la République islamique pour me filmer. J'étais totalement perdue, j'allais très mal. Je devais répéter ce qu'ils me disaient au mot près. Ils ont dû faire de nombreuses prises pour obtenir la version qu'ils voulaient que je donne de mon séjour à l'hôpital et pour me faire démentir les viols et tortures que j'avais subis.

Qu'aurais-je pu faire d'autre ? Déposer plainte auprès du policier qui m'avait violée ? Je savais que je n'obtiendrais pas justice. Ils faisaient planer, au-dessus de ma tête, la menace de nombreux motifs d'inculpation très graves. Je voulais juste que tout cela s'arrête. Je voulais pouvoir enfin m'éloigner d'eux.

J'ai abandonné l'idée d'obtenir justice. N'ont-ils pas tué Nika après l'avoir violée ? [Nika Shakarami, seize ans, battue, violée, torturée à mort puis jetée du toit d'un immeuble.] Regarde ce qu'ils ont fait de Mahsa, Hadis, Sarina et tous les autres gosses qu'ils ont tués. Moi, au moins, je m'en suis sortie vivante.

Nika a toujours eu une place à part pour moi. [Armita s'arrête à nouveau et craque. Je dois avouer que j'ai beaucoup de mal à traduire cette interview. Mon estomac se serre face à la douleur de cette jeune fille, mes larmes coulent de colère et de rage. Ce que tous ces jeunes ont vécu et vivent encore entre les mains de ces bourreaux de la République islamique est inimaginable.]

Nika est l'une des principales raisons pour lesquelles je savais, à l'époque, que je devais aller manifester. J'avais l'impression que c'était à moi d'obtenir justice pour elle. Elle était encore plus jeune que moi, elle avait quelque chose de spécial. Je me sentais viscéralement proche d'elle sans la connaître. Elle aussi avait un style bien à elle, elle aussi vomissait l'islam, elle chantait et aimait dessiner, tout comme moi.

Quand je suis sortie de détention, j'ai lu les messages de soutien que j'avais reçus. Beaucoup me disaient que je leur rappelais Nika. Cela me brisait encore plus de me dire “Pourquoi je suis en vie et elle n'est plus là”. Mais je n'ai jamais regretté d'être sortie manifester. Pas un seul instant. J'avais un objectif, j'étais prête à tout pour l'atteindre. J'ai fait ce que je devais faire à mon échelle, même si je l'ai payé très cher à mon jeune âge.

Je ne suis ni experte ni politicienne, mais je peux t'assurer que nous allons vaincre. J'espérais vraiment qu'ils tombent au moment des grandes protestations, mais même si cela n'a pas eu lieu à ce moment-là, nous avons ouvert les yeux du monde sur qui nous sommes. Désormais, tout le monde sait que nous ne voulons plus de ce régime. Même si nous n'y parvenons pas seuls, je suis sûre que le monde nous aidera. Je suis sûre que la République islamique va tomber et que nous, femmes iraniennes, connaîtrons la liberté. C'était tout l'objectif de Femme, vie, liberté, vivre enfin librement sans cette poignée de dictateurs qui détruisent nos vies. »

Le cauchemar d'Armita Abassi a duré quatre mois. Quatre longs mois de tortures, d'interrogatoires, de viols et de sévices. Mais même après qu'elle a été libérée, les services de renseignement du régime ont continué à la harceler. Elle a donc fini par fuir en Turquie puis en Allemagne, où elle a commencé une nouvelle vie.

Des Armita, il y en a des dizaines de milliers en Iran, et mon cœur saigne de l'indifférence du monde libre, des féministes, des étudiants, des ONG ou de l'ONU concernant leur sort. Eux qui se battent pour la liberté, la démocratie et la laïcité. Je suis sûre que, une fois l'Iran libre, tout le monde fera mine de découvrir l'horreur de ce régime, comme je le vois chaque jour dans les médias et ailleurs depuis la chute de Bachar el-Assad en Syrie.

Chapitre 9

Les trahisons de l'Occident

Durant ces deux années, nous avons assisté à un renoncement total du monde libre à ses valeurs. Quelques jours après la mort de Mahsa Jina Amini, Ebrahim Raïssi, président de la République islamique, plus connu sous le surnom de « boucher de Téhéran », est reçu en grande pompe à New York, à l'ONU. Le président Macron lui donnait une chaleureuse poignée de main, devant les caméras. Un véritable crachat au visage des Iraniens qui, pendant ce temps-là, mouraient par centaines dans les rues du pays. À ce moment-là, la République islamique est même membre de la Commission de la condition de la femme.

Durant de longs mois, nous avons vu les dirigeants des pays occidentaux négocier, discuter, reculer, courber l'échine, hésiter, céder à la République islamique. Le plus gros financeur du terrorisme mondial, l'un des plus importants narco-États, l'un des régimes responsables de nombreux attentats sur le sol occidental, l'allié de Poutine dans sa guerre contre l'Ukraine, l'un des responsables de la montée de l'intégrisme et du communautarisme avait beau attaquer, provoquer, nuire, il bénéficiait d'un véritable totem d'immunité.

Sous couvert de « désescalade », les États-Unis, l'Union européenne, la France, le Royaume-Uni, le Canada, tous espéraient remettre Khamenei à la table des négociations avec l'espoir de signer un accord sur le nucléaire. Ils pensaient naïvement qu'ils pourraient gérer la « bête immonde » qu'est Khamenei, dont l'idéologie même est notre destruction. C'est une véritable guerre de civilisation qu'il veut mener, avec des ambitions hégémoniques sur tout le Proche et le Moyen-Orient, où il sévit par l'intermédiaire de tous ses proxys terroristes, comme le Hamas, le Jihad islamique palestinien, les Houthis au Yémen, le Hezbollah au Liban, les milices chiites en Syrie, en Irak, en Afghanistan, les milices islamistes liées aux Frères musulmans en Jordanie et en Cisjordanie. Les Iraniens désignent d'ailleurs Khamenei comme la tête d'une pieuvre dont le cerveau est à Téhéran et dont chaque organisation terroriste est un tentacule.

Face à un tel régime, comment expliquer que des puissances démocratiques n'exploitent pas l'affaiblissement intérieur pour soutenir le peuple iranien et aider la chute du régime plutôt que d'aller dans son sens en lui permettant de se maintenir au pouvoir ? Nous n'avons eu de cesse de nous demander s'il s'agissait de naïveté, d'irresponsabilité, de lâcheté ou tout simplement de complicité. Pourquoi diable l'Occident se donnait-il tant de mal pour saboter notre révolution plutôt que de nous soutenir et profiter de l'occasion pour être débarrassés de l'ennemi ?

Revenons sur deux ans de politique américaine, ou comment l'administration Biden a enflammé le Proche et le Moyen-Orient.

Le président des États-Unis, Joe Biden, avait trois objectifs principaux avant les élections présidentielles (que Kamala Harris a perdues par la suite) : la stabilité du prix des matières premières, notamment du pétrole, un cessez-le-feu à Gaza et un accord sur le nucléaire iranien.

Remontons un peu le temps pour revenir au premier mandat de Donald Trump. Ce dernier vient d'être élu président des États-Unis, et une des premières choses qu'il fait est de déchirer l'accord sur le nucléaire précédemment conclu par Barack Obama avec la République islamique d'Iran. Il fait ensuite éliminer, par une frappe ciblée, Qassem Soleimani, chef des forces Al-Qods du corps des gardiens de la révolution islamique, le maître à penser de tous les proxys terroristes et de la stratégie du chaos du régime au Proche et au Moyen-Orient.

Donald Trump ne s'arrête pas là, puisqu'il impose des sanctions très strictes contre le régime. Il traque toutes les banques et sociétés qui continuent à commercer avec Téhéran. Il fait drastiquement chuter leurs ventes de barils de pétrole, les privant ainsi d'une de leurs principales sources de revenus.

Mais après l'élection de Joe Biden, la machine s'inverse totalement. Dans la même lignée que Barack Obama avant lui, Joe Biden veut à tout prix normaliser les relations avec la République islamique, allant jusqu'à faire des concessions inimaginables. Il espère ainsi obtenir une stabilité au Proche et au Moyen-Orient. D'autant que Donald Trump avait amorcé les accords d'Abraham permettant à Israël de signer des accords de paix historiques avec les pays de la Ligue arabe, notamment l'Arabie saoudite. Accords qui resteront au point mort après les attaques terroristes du 7-Octobre du Hamas et qui plongeront toute la région dans un chaos total, comme le souhaitait Khamenei.

Les choix de Joe Biden ont eu l'effet complètement inverse de ceux escomptés. Sous sa présidence, la situation sécuritaire s'est considérablement dégradée au Proche et au Moyen-Orient. Sa politique a eu comme conséquence principale de renforcer les proxys terroristes de la République islamique à Gaza, en Irak, en Syrie, au Liban, au Yémen et ailleurs, conduisant au drame du 7-Octobre.

Dès les attaques terroristes, et avant même la riposte israélienne, Joe Biden n'a qu'un seul mot à la bouche : « Désescalade. » Il est même allé jusqu'à négliger totalement les intérêts sécuritaires des États-Unis. En effet, depuis le 7-Octobre, il y a eu plus de 200 attaques menées contre les bases américaines dans la région par les proxys terroristes de la République islamique. Le 28 janvier 2024, des milices affiliées au corps des gardiens de la république islamique ont même attaqué une base américaine à la frontière entre la Syrie et la Jordanie, tuant trois soldats américains et en blessant trente-quatre autres.

Tous ces raids ne suscitent que très peu de réactions de la part de la Maison-Blanche, qui continue inlassablement à négocier en coulisses avec la République islamique. Les États-Unis envoient comme message qu'ils sont prêts à toutes les compromissions pour ne surtout pas fâcher Téhéran.

D'ailleurs, Joe Biden n'hésite pas à débloquer de fortes sommes d'argent pour la République islamique. Ainsi, en juillet 2023, en novembre 2023 (soit un mois après les attaques du Hamas), en mars 2024 (soit quelques semaines après la mort de trois soldats américains) et en décembre 2024, il débloque chaque fois dix milliards de dollars de fonds gelés précédemment par l'administration Trump.

Le *New York Post* écrit même, dans un article daté du 14 mars 2024, que les sénateurs républicains doivent tout faire pour empêcher le président de débloquer de telles sommes pour un régime responsable de la mort de soldats américains et ayant contribué aux attaques du 7-Octobre. Le journal révèle également que la Maison-Blanche a donné le feu vert à Pékin pour acheter du pétrole iranien (pourtant sous sanctions lors du mandat de Trump). En échange, Khamenei devait s'engager à réduire l'enrichissement de son uranium.

Le résultat s'est avéré catastrophique, puisque la République islamique a accéléré son enrichissement de l'uranium, a développé les installations nucléaires, n'a jamais été aussi proche de l'obtention de la bombe, a refusé toute inspection de l'AIEA (Agence internationale de l'énergie atomique) et a activé tous ses proxys terroristes contre Israël en mettant la région à feu et à sang. Le *New York Post* parle de « deal désastreux ».

Que dire également d'un autre deal de la honte signé par Biden ? La veille du triste anniversaire de la mort de Mahsa Jina Amini, le 15 septembre 2023, alors que les Iraniens se préparent à manifester partout dans le monde, les médias américains sont en boucle : la Maison-Blanche verse six milliards de dollars à la République islamique pour récupérer cinq otages détenus à Téhéran. Un véritable aveu de faiblesse de Biden. Les médias parlent de « deal de la honte ». Le peuple iranien est sous le choc. Comment la première puissance mondiale peut-elle se montrer si faible face à un régime en déclin qui ne tient que parce que l'Occident se soumet ?

On estime que Joe Biden a offert, directement ou indirectement, plus de cent milliards de dollars au régime terroriste de Téhéran. L'attitude de la Maison-Blanche et la compromission dont elle a fait preuve ont été de véritables freins dans la révolution du peuple iranien.

Mon objectif ici n'est pas de dépeindre Donald Trump comme un héros absolu. Je suis même loin d'être alignée avec ce qu'il est et l'idéologie qu'il porte et qui va à l'encontre de beaucoup de mes principes et convictions. Mais lorsqu'il s'agit de géopolitique, on se doit d'être factuel, d'étudier les décisions prises et leurs conséquences sans autre motivation que l'analyse des effets sur l'Iran. Je ne peux d'ailleurs pas affirmer si sa réélection est bénéfique ou non pour notre révolution. Tout simplement parce que je ne peux que me baser sur les faits, sur ce qui a été fait auparavant.

L'Europe n'est pas en reste dans la complaisance avec le régime. Depuis bientôt deux ans, nous luttons en vain pour que le Conseil de l'Europe classe le corps des gardiens de la révolution islamique sur la liste des entités terroristes de l'UE. Le Parlement européen a voté trois résolutions le réclamant, mais les ministres des Affaires étrangères de l'Union européenne ainsi que l'ancien chef de la diplomatie européenne, Josep Borrell, n'ont jamais voulu entreprendre ce vote.

Nous avons beaucoup milité au sein de l'Assemblée nationale ainsi que du Sénat français pour que des résolutions soient votées afin que le président Macron agisse et les classe comme organisation terroriste en France pour faire avancer les choses. Nous avons eu un soutien massif des députés et des sénateurs. De source sûre, il nous a été rapporté que le quai d'Orsay et l'Élysée sont systématiquement intervenus pour saboter nos projets.

Malgré tous leurs efforts, le 29 janvier 2025, l'Assemblée nationale a voté, à l'unanimité, notre résolution portée par Constance Le Grip, condamnant la République islamique pour ses exactions et demandant le classement du corps des gardiens de la révolution islamique sur la liste des entités terroristes de la France et de l'Union européenne. Ce soir-là, Laurent Saint-Martin, ministre délégué chargé du Commerce extérieur, a pris la parole au nom du gouvernement. Il a apporté un joli soutien de façade. Mais en ce qui concerne le classement du CGRI sur la liste des terroristes, il s'est contenté de répondre qu'il n'y avait pas de consensus au sein de l'Union européenne, que les sanctions déjà présentes étaient suffisantes et que rien ne changerait s'ils le faisaient. Si cette demande n'a aucun impact sur la colonne vertébrale idéologique, financière, répressive et terroriste du régime, pourquoi nous mettre tant de bâtons dans les roues ? Pourquoi refuser de le faire ? C'est bel et bien parce que ce serait un acte très fort contre Khamenei et ses tentacules terroristes que notre président et l'Union européenne refusent. Et ce, malgré trois votes du Parlement européen pour le réclamer.

Comment expliquer qu'une petite association de femmes franco-iraniennes se batte pour protéger la France du terrorisme, pour nos valeurs républicaines, démocratiques et laïques, et que ce soit l'exécutif qui rechigne à agir, allant à l'encontre des intérêts sécuritaires nationaux et européens ?

Comment expliquer que les présidents du monde libre soient si prompts à agir pour maintenir la République islamique au pouvoir ?

Lorsque Stéphane Séjourné a été nommé ministre des Affaires étrangères, nous avions l'espoir que les choses bougent. En effet, lorsqu'il était encore député européen, il était le chef de file de la résolution exigeant le classement du CGRI sur la liste des terroristes. Mais dès son costume de ministre enfilé, il s'est honteusement aligné sur la politique du président. Il a accueilli à bras ouvert

Abdollahian (ministre des Affaires étrangères de la République islamique, décédé par la suite dans le crash de son hélicoptère). Le Quai d'Orsay est allé jusqu'à publier un communiqué afin de remercier la République islamique pour ses efforts pour le maintien de la paix et de la stabilité au Proche-Orient. Et ce, alors qu'Israël était attaqué sur sept fronts différents par les proxys terroristes du régime, que Khamenei fournissait des drones suicides à Poutine et que des tentatives d'attentats et d'assassinats avaient lieu en Europe et aux États-Unis.

Jean-Noël Barrot ne fait pas mieux par la suite puisqu'il participe à une réunion en présence d'Emmanuel Macron, tout sourire, et Massoud Pezeshkian (président fraîchement élu en Iran) le 25 septembre 2024, soit une semaine après l'anniversaire des deux ans de la mort de Mahsa Jina Amini, et alors qu'un Iranien est pendu toutes les six heures par le régime et que des dizaines de milliers de jeunes sont encore emprisonnés et torturés quotidiennement. Là encore, pas un mot pour le peuple iranien, pas un signe de soutien, pas une exigence. Se soumettre encore et toujours. Espérer récupérer les otages et ralentir le programme nucléaire. Vendre ses valeurs en espérant une paix impossible avec une idéologie islamique et terroriste.

Comment expliquer aux Français que notre président nous met en danger ? Comment se faire entendre lorsque nous hurlons à longueur de conférences et d'apparitions dans les médias que l'avenir de l'Occident se joue en ce moment même au Proche et au Moyen-Orient ?

Comment nos dirigeants peuvent-ils être si peu à même de comprendre l'ADN de ce régime qui gangrène nos pays en s'infiltrant dans nos écoles, nos universités, nos centres de recherche, nos médias et notre classe politique ? Comment peuvent-ils espérer, après quarante-cinq ans d'un régime portant une idéologie expansionniste et obscurantiste, qu'il serait un jour possible d'en faire un partenaire diplomatique et commercial ? Pendant que nous courbons l'échine, nos ennemis s'organisent pour détruire nos démocraties.

Certains événements ont marqué notre lutte ces deux dernières années. Josep Borrell, le chef de la diplomatie européenne (heureusement plus en poste), a déployé une énergie folle pour protéger le régime de Téhéran. L'une de ses réponses est même devenue culte en Iran tant sa trahison était terrible. Alors qu'un journaliste lui demande ce qu'il attend pour organiser le vote au Conseil de l'Europe afin de classer le corps des gardiens de la révolution islamique sur la liste des entités terroristes, il répond que les conditions juridiques ne sont pas réunies pour le faire et que ce n'est pas parce que les Iraniens ne les aiment pas qu'ils peuvent commencer à les qualifier de terroristes.

Comment pensez-vous que de tels actes et paroles ont été perçus en Iran ? Imaginez cette jeunesse qui subit l'horreur au quotidien, qui hurle au monde qu'elle veut vivre en paix, qui espère des relations apaisées et prospères dans un Iran démocratique et laïque, et qui voit les puissants de ce monde lui tourner le dos pour embrasser ses bourreaux.

Bien évidemment, Josep Borrell mentait. Plusieurs avocats franco-iraniens, dont deux membres de mon association Femme Azadi, ont rédigé un rapport complet pour démontrer que toutes les conditions étaient bien réunies pour agir et l'ont envoyé à toutes les chancelleries européennes. En vain. Depuis, la justice allemande a rendu un verdict pour un attentat commis par les gardiens de la révolution contre une synagogue en Allemagne. Mais toujours aucune avancée politique malgré le danger que représente cette milice terroriste pour notre continent.

L'affront de l'Union européenne au peuple iranien ne s'est pas arrêté là. Après l'élection de Massoud Pezeshkian à la présidence de la République islamique en juillet 2024, élection largement boycottée par le peuple iranien, la République islamique a décidé d'organiser une cérémonie d'investiture.

Dans l'hémicycle, pour cette parodie de cérémonie se trouvaient tous les chefs de toutes les organisations terroristes de la région. Hamas, Jihad islamique, Houthis, Hezbollah… le gratin islamiste avait fait le déplacement. Le *Who's who* du jihad était réuni. Les invités scandaient « Mort aux États-Unis, mort à Israël » à pleins poumons. Et au milieu de ce cirque, un invité de marque : le représentant de la diplomatie européenne, Enrique Mora, envoyé par Josep Borrell.

Imaginez ma colère en découvrant ce nouvel affront. Heureusement pour mon peuple, Josep Borrell n'est plus en poste depuis décembre 2024, remplacé par Kaja Kallas, diplomate et politicienne estonienne, farouchement opposée à la République islamique et à Poutine.

Tous ces coups bas ont été très durs à encaisser. Il est difficile de voir le désespoir des Iraniens, qui ne comprennent pas l'attitude de la France, de l'Europe, des États-Unis, et qui se demandent pourquoi toutes ces puissances s'accrochent à ce régime terroriste qui les menace en permanence.

Lorsque je donne des conférences et que j'expose ces faits, je vois la stupéfaction de l'auditoire, l'incompréhension. Et systématiquement, on me demande : « Mais pourquoi agissent-ils ainsi ? » Malheureusement, je n'ai aucune explication logique à fournir. J'ai retourné le sujet dans tous les sens, et je ne peux trouver une seule raison valable de mettre à ce point en danger nos démocraties tout en tournant le dos à un peuple ami et à des perspectives de collaborations commerciales qui seraient très bénéfiques.

Une source m'a rapporté qu'un diplomate européen lui avait dit un jour : « Nous ne voulons pas que le régime change, nous voulons réformer le régime. »

Dans le même temps, Bloomberg a révélé que la République islamique employait désormais des mineurs en Europe pour commettre des attentats. Ils sont recrutés par l'intermédiaire des réseaux sociaux, notamment de TikTok mais également WhatsApp, et sont rémunérés de quelques centaines à plusieurs milliers d'euros en fonction de la gravité de l'acte demandé.

Ainsi, trois jeunes de treize à seize ans ont déjà été arrêtés en Suède pour trois attentats déjoués contre la communauté juive. Auparavant, le corps des gardiens de la révolution islamique utilisait ses propres membres ou des hommes liés au trafic de stupéfiants ou au banditisme pour commettre des assassinats ou des attentats.

Ce régime ne recule devant aucune méthode terroriste. Le FBI a même déjoué une tentative d'assassinat contre Donald Trump en septembre 2024.

Avec ces éléments connus de tous, comment nos dirigeants peuvent-ils encore avoir la naïveté de penser qu'il est possible de réformer une telle idéologie ? Avez-vous déjà vu un islamiste modéré ? Aurions-nous pu envisager de réformer le nazisme ? L'attitude de nos dirigeants est suicidaire, et si le peuple iranien échoue, l'Occident en paiera un prix très élevé dans la prochaine décennie, d'un point de vue tant sécuritaire qu'économique.

C'est pourquoi je m'évertue à dire que le combat des Iraniens est celui de l'Occident. Il est celui de la lumière contre l'obscurantisme qui nous attaque. Nous ne devons faire qu'un dans cette lutte pour exiger de l'exécutif des actions concrètes afin de nous protéger.

Le peuple iranien demande deux choses très simples : des sanctions maximales contre le régime, pour l'affaiblir financièrement, empêcher le financement de la répression et du terrorisme, et pour l'isoler diplomatiquement ; et un soutien maximum au peuple iranien.

Depuis deux ans, aucun pays n'a tendu la main aux Iraniens. Aucun, sauf Israël.

Chapitre 10

Israël et le peuple iranien, l'histoire incomprise

J'ai décidé de consacrer un chapitre de mon livre non pas au conflit israélo-palestinien, car il faudrait dix ouvrages pour en parler, mais à la prise de position pro-israélienne du peuple iranien, qui a surpris beaucoup de monde ces quinze derniers mois. Il est difficilement entendable qu'un pays dirigé par un régime islamique, appelant à la destruction d'Israël depuis plus de quarante ans, soit habité par un peuple profondément désireux de vivre en paix avec les Israéliens et les soutenant dans les épreuves qu'ils vivent depuis l'activation de « l'axe de la résistance » terroriste le 7 octobre 2023.

L'histoire du peuple juif et du peuple perse n'a pas commencé récemment, tout comme l'histoire des Palestiniens avec les Iraniens ne date pas d'hier.

Mais leurs histoires sont diamétralement opposées et permettent de mieux comprendre la position du peuple iranien vis-à-vis du conflit au Proche-Orient.

Il y a 2 563 ans, Cyrus le Grand, considéré comme le père de la nation iranienne par mon peuple, a joué un rôle primordial dans le retour des Juifs à Jérusalem après leur exil à Babylone. En effet, le fondateur de l'Empire perse a conquis l'Empire néo-babylonien, alors dirigé par Nabonide. Sa victoire a mis fin, par décret, à leur exil et leur a permis de retourner sur leurs terres d'origine, d'y reconstruire leur Temple et tous leurs lieux de culte. C'est ainsi qu'a été reconstruit le temple de Jérusalem. Il a même financé sa construction et ordonné que les objets religieux et sacrés, pillés par Nabuchodonosor, soient restitués. C'est ainsi qu'en 538 avant Jésus-Christ, plus de 50 000 juifs ont pu retourner à Jérusalem et vivre librement leur foi tout en restaurant leur identité nationale.

Les Iraniens, très informés sur l'histoire de leur pays, savent pertinemment qu'Israël se trouve exactement sur la terre des Juifs. Toutes les théories du « white colonizer » n'ayant aucune légitimité sur ces terres n'ont donc aucun impact sur eux.

Mais les liens historiques ne s'arrêtent pas là. Le tombeau d'Esther et Mardochée, lieu hautement vénéré par les juifs, se trouve à Hamedan, en Iran. Esther, jeune femme juive, devint reine de Perse sous le règne de Xerxès Ier. Elle sauva les juifs de l'extermination planifiée par Haman, avec l'aide de son oncle, Mardochée. Cet épisode historique est d'ailleurs célébré pendant la fête de Kippour. Pour les Iraniens, ce tombeau est perçu comme un symbole de l'histoire commune entre les Juifs et les Perses.

Tout au long de l'histoire de la Perse, cette amitié a duré. Jusqu'à la révolution islamique de 1979.

Durant son règne, Mohammad Reza Pahlavi, le dernier shah d'Iran, a joué un rôle historique dans le sauvetage des juifs d'Irak.

Les Irakiens de confession juive vivaient depuis des millénaires à Bagdad et y formaient une communauté prospère, mais la montée du nationalisme arabe a déclenché une vague d'antisémitisme sans précédent, mettant en danger leur vie, l'événement le plus tragique était le Farhoud, un pogrom perpétré par les musulmans de Bagdad à l'encontre de leurs voisins juifs au début du mois de juin 1941. Ce fut le plus important déclenché dans un pays arabe moderne. Le signe avant-coureur de l'ère du nationalisme et de l'intolérance au Moyen-Orient et, par la suite, le point de départ de la fin de la présence juive dans les pays d'islam.

On entend d'ailleurs beaucoup le terme de « nettoyage ethnique », totalement dévoyé, pour accuser Israël. Mais quiconque connaît l'histoire de la région sait parfaitement que la réalité est tout autre et que le véritable nettoyage ethnique a pour victimes les Juifs qui ont complètement disparu d'Irak, du Yémen, de Syrie et d'ailleurs.

S'ensuivirent en Irak de nombreuses lois antisémites entraînant arrestations, tortures et confiscations de biens. En raison de ses frontières communes avec l'Irak, l'Iran, seul pays non arabe et non touché par cette haine viscérale des Juifs, a été considéré comme une porte de sortie et un abri. Le monarque iranien était connu pour son ouverture d'esprit à l'égard des minorités, y compris les juifs. Dès 1948, le Mossad, service secret israélien, a instauré une collaboration étroite avec le shah pour sauver les juifs d'Irak. Entre 110 000 et 130 000 juifs ont été ainsi mis en sécurité en Iran. Ces opérations avaient alors été baptisées Ezra et Nehemiah.

Les juifs ont toujours pu trouver refuge en Iran lorsqu'ils étaient persécutés dans les pays arabes, mais également au moment de la Seconde Guerre mondiale. Le rôle de l'Iran est d'ailleurs méconnu. Lors de l'invasion allemande de la Pologne, de nombreux Polonais, notamment juifs, ont été déportés dans des camps en Sibérie, aussi appelés « goulag ». Que ce soit sous le règne de Reza Pahlavi ou celui de son fils, Mohammad Reza Pahlavi, l'asile fut offert à plus de 120 000 Polonais pour y échapper. Ils furent accueillis à Bandar-e Anzali puis dispersés à travers le pays, en particulier à Téhéran et à Ispahan. Il y eut tant de juifs réfugiés à Ispahan que la ville fut nommée « la ville des enfants » parce qu'elle abritait un grand nombre d'orphelins.

Les valeurs de coexistence et d'humanisme de Cyrus le Grand ont continué d'être honorées durant le règne des Pahlavi. De nombreux juifs polonais rendent aujourd'hui encore hommage aux derniers shahs d'Iran pour leur soutien et leur accueil.

De nombreux aspects de notre histoire ont été oubliés, niés ou falsifiés pour nourrir une propagande anti-Pahlavi et justifier le soutien à Khomeini d'une partie des intellectuels de gauche en Occident, mais aussi de chefs d'État ayant trahi le shah. La réalité cependant est beaucoup plus nuancée.

Alors qu'en Occident l'image du shah est plutôt négative, en Iran, les gens l'adulent et continuent à scander son nom partout à chaque manifestation ou événement sportif, et ce, au péril de leur vie. Il existe un gouffre immense entre la réalité de l'histoire de l'Iran connue des Iraniens et ce qui en a été dit en Occident par les marxistes et les islamistes ayant mené la révolution de 1979.

Je pense que l'épisode historique le plus méconnu de l'histoire d'amitié judéo-iranienne est celui d'Abdol-Hossein Sardari, consul d'Iran en poste en France au moment de l'Occupation, qui a sauvé des milliers de juifs des camps de concentration.

En Occident, l'Iran était appelé la Perse jusqu'à ce que le shah décide, en 1935, de changer le nom occidental pour Iran. Mais pour les Iraniens, le pays s'est toujours appelé « Iran », qui signifie « royaume des Aryens » en avestique, la langue ancienne du pays. Les Aryens, peuple indo-iranien (ou indo-européen), se sont installés sur les plateaux iraniens et dans le nord de l'Inde plus de deux mille ans avant notre ère. *Arya* veut dire « noble » ou « civilisé » en sanskrit ou en avestique. Ce n'est qu'au cours du XIXe et du XXe siècle que notre « aryanité » a été détournée par les idéologies racialistes et suprémacistes. Mais l'Iran était le royaume des Aryens bien avant le nazisme et sans aucun lien avec cette idéologie.

Les nazis vouaient une véritable fascination à la pureté de la « race aryenne ». Et si les nazis considéraient les Iraniens comme de « race pure », ils estimaient aussi que les juifs iraniens n'étaient pas des juifs comme les autres. Sardari acta donc avec les autorités nazies l'autorisation de renvoyer les Iraniens de confession juive en Iran. Il en profita pour distribuer des centaines de passeports à des juifs (non iraniens) pour leur permettre d'échapper aux camps de la mort. Il aurait ainsi sauvé entre 2 000 et 3 000 juifs. Son histoire reste méconnue du grand public, mais ceux qui ont eu connaissance de son acte de résistance l'ont surnommé le « Schindler iranien ».

L'antisémitisme arabo-musulman présent dans la région contrastait totalement avec la relation entre la Perse et le peuple juif. Et même après la création de l'État d'Israël, les bonnes relations ont perduré jusqu'à l'avènement de la République islamique.

Très naturellement, le 7 octobre 2023, lors des attaques barbares et inhumaines du Hamas en Israël, les Iraniens ont été bouleversés. Ils ont inondé les réseaux sociaux de messages de soutien au peuple israélien et dénoncé Khamenei et son « axe de la résistance ». Dans la diaspora, la réaction a été la même. Spontanément, partout dans le monde, nous avons pris nos drapeaux iraniens (celui historique du lion et du Soleil, et non celui de la République islamique, que nous méprisons) et nous avons rejoint les manifestations de soutien au peuple israélien pour lui dire que nous n'étions pas la République islamique et que notre amitié était intacte.

Je n'oublierai pas cette première manifestation au Trocadéro à Paris. Nous étions une cinquantaine d'Iraniens. Nous avions des pancartes sur lesquelles le drapeau de l'Iran côtoyait celui d'Israël et l'inscription « Nous sommes Iraniens et nous vous soutenons ».

Les images du 7-Octobre, d'une rare cruauté, qui ont fuité, les viols, les tortures, la violence jihadiste et le visage de toute cette jeunesse massacrée nous ont fait penser à nos propres victimes en Iran des forces de répression du régime. Nul ne peut imaginer la barbarie et l'inhumanité des islamistes, sauf ceux qui ont vécu leurs attaques.

Je me souviens du mal que nous avons eu à passer la sécurité avec nos drapeaux. Les CRS étaient prudents. La manifestation était très protégée, et personne ne s'attendait alors à voir arriver des dizaines d'Iraniens. Ils ne savaient pas si nous étions venus en « amis » ou pas. Nous avons finalement été autorisés à manifester.

Lorsque les gens autour de nous ont vu nos drapeaux et ont lu les pancartes que nous tenions, les réactions ont été bouleversantes. Eux qui étaient meurtris, choqués, traumatisés, eux qui étaient si seuls ce jour-là à se recueillir se sont mis à sourire, à pleurer de joie, à applaudir. Ils n'en revenaient pas. Je nous revois nous, Iraniens et membres de la communauté juive, nous prendre dans les bras, éclater en sanglots, partageant une même douleur pour nos peuples réprimés par les mêmes terroristes.

Les vidéos de notre présence ce jour-là ont fait le tour du monde et, bien sûr, des réseaux sociaux. Je ne compte plus le nombre de messages d'insultes et de menaces que j'ai reçus, me traitant de « sale sioniste ». J'avais face à moi des individus biberonnés à la haine qui ne comprenaient pas ce qu'était le sionisme. Comment pouvaient-ils dès lors maîtriser le conflit ? Eux qui, pour la plupart, ne juraient que par l'anticolonialisme et l'indigénisme se retrouvaient à refuser à un peuple le droit de disposer de sa terre ancestrale, le droit d'exister dans un micropays, le seul État juif au monde, avec comme seul argument : « Qu'ils retournent en Europe. » Lorsque mon humeur me le permettait, je dois avouer qu'il m'est arrivé d'avoir des fous rires face à tant d'ignorance.

Dès le 8 octobre, au lendemain des attaques, la République islamique, le plus gros financeur et soutien de « l'axe de la résistance », distribuait des drapeaux palestiniens dans un stade de foot à Téhéran et demandait aux Iraniens de les agiter à la gloire de « la résistance palestinienne ». Comprenez : à la gloire de l'organisation terroriste du Hamas.

La réaction de la foule a alors été de scander d'une seule et même voix : « Mets ton drapeau de la Palestine dans ton… » Cette vidéo et les autres prises dans d'autres stades ont créé une véritable surprise hors du pays. Les gens ne comprenaient pas comment un peuple vivant en Iran se retrouvait à tourner le dos à la pseudo-résistance palestinienne.

Alors qu'en Occident, on voyait des hordes fanatisées soutenir les attaques, nier les atrocités, justifier le terrorisme, en Iran, le peuple savait ce qui se jouait et pourquoi les attaques avaient été organisées.

Chapitre 11

La Palestine et le peuple iranien, une relation houleuse

L'histoire de l'Iran et des Palestiniens ne date pas du 7-Octobre et explique la prise de position très forte d'une très grande partie des Iraniens dans le pays.

Dans les années 1960 et 1970, plusieurs groupes révolutionnaires et terroristes iraniens, les mêmes qui ont détruit notre pays en 1979, à savoir les moudjahidines du peuple (islamo-marxistes) et fedayin-e-Khalq (organisation clandestine de guérilla marxiste-léniniste), se sont inspirés des mouvements révolutionnaires et terroristes palestiniens, à commencer par l'Organisation de libération de la Palestine. Ils sont même allés se former et s'entraîner dans les camps de l'OLP au Liban et en Syrie pour y perfectionner leurs techniques de guérilla, de terrorisme et de lutte armée, dans le but de renverser le shah par la violence.

Leur mot d'ordre et leurs motivations étaient identiques à ce qu'on peut voir aujourd'hui dans certains milieux militants d'extrême gauche ou islamiques, à savoir l'anti-impérialisme et une haine de l'Occident. Tous ces groupes avaient ainsi fait de la cause palestinienne le symbole absolu de leur résistance contre les États-Unis et Israël.

Ironie du sort, certains de ces « révolutionnaires », notamment membres du Tudeh (parti communiste iranien), étaient acquis à l'URSS et voulaient livrer notre pays aux Soviétiques. L'impérialisme ne les gênait que lorsqu'il était occidental, jamais communiste ou arabo-musulman.

Les liens étroits des États-Unis et d'Israël avec le shah d'Iran, qui entretenait également des relations cordiales avec ses voisins arabes, permettaient une convergence des luttes, fondée sur la haine de l'État hébreu et de l'Oncle Sam, entre les islamistes, les communistes, les marxistes et les mollahs.

Les mouvements palestiniens, pourtant laïques en majorité à l'époque, avaient pris la décision de soutenir pleinement Khomeini. Ce dernier, exilé depuis plusieurs années en Irak puis en France, avait totalement adopté un discours anti-impérialiste, anticolonialiste, propalestinien pour séduire la gauche iranienne, mais aussi tous les mouvements révolutionnaires arabes.

Khomeini, malgré l'horreur de son idéologie et de ses écrits de l'époque, réussissait même à séduire les intellectuels français, comme Jean-Paul Sartre, Michel Foucault et même la féministe Simone de Beauvoir, qui voyaient en lui un « saint homme », un nouveau Gandhi. Je ne saurais dire si c'est le fruit d'une naïveté déconcertante, d'une idéologie de gauche anti-impérialiste, ou une haine de la splendeur et de la grandeur de l'Iran de l'époque, mais ils étaient devenus les meilleurs attachés de presse d'un des hommes les plus sanguinaires et cruels de l'histoire.

Durant son séjour en France, à Neauphle-le-Château, d'octobre 1978 jusqu'à son retour en Iran, Khomeini a donné plus d'une centaine d'interviews, faisant la couverture de plusieurs magazines. En l'espace de quelques mois, une véritable machine de propagande médiatique et politique s'est mise en place pour diaboliser le shah et encenser des islamistes reprenant toutes les « informations » communiquées par Khomeini. Il a même obtenu le soutien de Carter, Giscard, Callaghan (Premier ministre du Royaume-Uni) et Schmidt (chancelier de la RFA) pour renverser le shah. Ce soutien, qui s'est finalisé lors du sommet de la Guadeloupe en 1979, a signé la fin de deux mille cinq cents ans de monarchie en Iran, mais aussi l'avènement de la première République islamique au monde.

Dans un contexte de guerre froide avec l'URSS, les Américains avaient fait le choix des islamistes pour lutter contre le communisme, d'autant qu'ils avaient sous les yeux la situation en Afghanistan, que l'armée soviétique avait envahi pour prêter main-forte au régime socialiste instauré après un coup d'État sanguinaire.

Les événements historiques nous montrent que la convergence des luttes anti-impérialistes peut mener à des mariages de circonstance entre révolutionnaires aux idées tout aussi extrêmes, dangereuses et meurtrières. Que ce soit les islamistes en Iran, aidés en 1979 des marxistes et communistes, qui pensaient qu'ils pourraient prendre le pouvoir par la suite ; ou les socialistes prosoviétiques en Afghanistan, qui fomentèrent un coup d'État meurtrier en avril 1978 ; ou bien encore les milices révolutionnaires palestiniennes, qui n'ont toujours eu comme mode de fonctionnement que le terrorisme et les attaques meurtrières.

C'est pourquoi j'aime toujours rappeler que le contexte historique compte et qu'il est important de considérer ce contre quoi devait lutter le shah d'Iran. À savoir, les ingérences et la mainmise britannique sur le pétrole, les exigences permanentes américaines, la volonté hégémonique soviétique avec des ennemis intérieurs socialistes et communistes, les séparatistes alliés des marxistes et, enfin, les islamistes.

Bien sûr, la monarchie du shah n'était pas parfaite ; bien sûr, la traque des « révolutionnaires » marxistes, communistes et islamistes ne s'est pas toujours faite de manière démocratique, notamment avec la Savak. Nous en parlerons plus en détail dans un autre chapitre. Mais l'histoire de l'Iran nous montre que les mêmes qui étaient traqués et considérés comme des terroristes, à juste titre, ont fini par détruire totalement notre magnifique pays et le plonger dans l'obscurantisme le plus meurtrier qui soit.

D'ailleurs, en Iran, la majorité du peuple voue une haine et une colère toujours intactes à l'égard des islamistes, des communistes, des marxistes et des moudjahedins-e-Khalq, tous les instigateurs de la révolution de 1979, qui avaient comme points communs la pseudo-lutte anti-impérialiste et une haine viscérale des États-Unis et d'Israël.

Le rôle des milices palestiniennes dans la révolution islamique a donc été celui de partenaires actifs et d'inspirateurs idéologiques. Elles ont également aidé militairement ces groupes révolutionnaires. La cause palestinienne deviendra d'ailleurs, dès 1979, une composante essentielle de la politique étrangère de Khomeini.

Yasser Arafat était l'un des plus forts soutiens de Khomeini et aussi le premier dirigeant à se rendre en Iran après la chute du shah. Ses photos avec Khomeini, Khamenei et d'autres bourreaux du peuple iranien ont marqué les esprits, génération après génération.

Arafat voyait dans la fin de la monarchie du shah une victoire de l'anti-impérialisme et de la cause palestinienne. Khomeini a même décidé, dès février 1979, de fermer l'ambassade israélienne et de cesser toute relation avec l'État hébreu.

Malgré le soutien de Khomeini à la cause palestinienne, l'OLP d'Arafat s'est pourtant rapprochée de Saddam Hussein durant la guerre Iran-Irak, où des milliers d'Iraniens ont été tués. Le dictateur irakien avait profité de la chute du shah, qu'il craignait et respectait, pour entreprendre la guerre. Cet épisode a aussi fortement marqué les Iraniens.

Il existe d'ailleurs de nombreux lieux, des écoles, des places, des rues qui, dans les territoires palestiniens, portent le nom de Saddam. Une statue à sa gloire a même été érigée en 2017 à Qalqilya, en Cisjordanie, ce qui n'a pas manqué de heurter le peuple iranien, et de nombreux autres peuples, notamment en raison du génocide des Kurdes, de sa guerre meurtrière contre les Iraniens et de son invasion du Koweït.

Saddam reste perçu comme un véritable héros par les Palestiniens, parce qu'il n'a pas hésité à tirer sur Israël durant la guerre du Golfe en 1991 et qu'il a été d'un soutien sans faille pendant la deuxième intifada, de 2000 à 2005, allant jusqu'à verser 25 000 dollars aux familles des kamikazes palestiniens.

Après la rupture avec l'OLP, la République islamique a accordé tout son soutien, et les centaines de millions qui vont avec, au Hamas des Frères musulmans et au Jihad islamique, plus alignés sur l'idéologie islamiste des ayatollahs.

Lorsqu'on évoque la cause palestinienne, les Iraniens pensent avant tout à l'OLP et à son aide aux révolutionnaires terroristes iraniens qui ont détruit l'Iran en 1979, à Arafat et à son soutien à Khomeini, mais surtout, à la Force Al-Qods des gardiens de la révolution islamique. Ils ressentent de la compassion pour les civils innocents victimes des décisions et des agissements de leurs dirigeants et des milices « révolutionnaires », mais ils ne prêchent pas la cause. Ils savent parfaitement que les Palestiniens auraient pu avoir un destin moins tragique s'ils n'avaient pas à leur tête des terroristes. Ils le savent mieux que quiconque, car ils sont eux-mêmes dirigés et massacrés par la même idéologie destructrice.

Le corps des gardiens de la révolution islamique a été officiellement créé en mai 1979 par décret de Khomeini, mais il avait été pensé bien avant, à

Neauphle-le-Château, en France. L'objectif principal était de « préserver la révolution islamique » et donc de lutter contre toute volonté du peuple iranien de se débarrasser du régime en le réprimant violemment, mais aussi de mener à bien les ambitions hégémoniques du guide suprême, notamment en soutenant les mouvements islamiques à l'étranger, comme le Hezbollah, au Liban, créé par Khomeini dès 1982.

L'armée iranienne, qui était majoritairement loyale au shah, avait subi des purges terribles avec des exécutions massives dès 1979. Et Khomeini refusait de faire confiance aux éléments restants. Il voulait donc une armée parallèle totalement dévouée à l'idéologie de la République islamique. Ainsi, le CGRI a été constitué de plusieurs groupes paramilitaires islamistes qui avaient joué un rôle dans le renversement du shah, à savoir les milices islamistes formées par les mollahs, des militants de la gauche islamique, des moudjahedins-e-Khalq et des membres de la société civile venant des quartiers les plus populaires. Le CGRI est devenu une force militaire puissante, organisée et bien équipée, lors de la guerre Iran-Irak.

Dès 1982, la Force Al-Qods (« Jérusalem » en arabe) a vu le jour, une sorte d'unité d'élite prête à mener des opérations spéciales en dehors de l'Iran, à soutenir tous les mouvements révolutionnaires islamistes, à développer les réseaux d'influence et de renseignement du régime, mais surtout, à défendre la « cause palestinienne » et à détruire Israël. Cette unité a été rapidement chargée de tous les proxys terroristes de Khameini : Hezbollah au Liban, Houthis au Yémen, milices Badr en Irak, Hamas et Jihad islamique palestinien ainsi qu'une présence massive en Syrie jusqu'à la chute récente de Bachar al-Assad.

Les Iraniens voient donc une nouvelle fois la cause palestinienne devenir synonyme d'oppression, de vol des richesses pour la financer, de jihadisme, d'islamisme et de terrorisme. Ils savent que derrière se cache en réalité une volonté de destruction de l'Occident, mais aussi une volonté expansionniste panislamique.

À chaque révolte du peuple iranien, ces mêmes milices arabes, liées à Al-Qods, sont dépêchées pour aider au massacre. J'ai moi-même recueilli de nombreux témoignages de manifestants des manifestations Femme, vie, liberté de 2022 et 2023, qui m'ont, pour beaucoup, confié que certains de ceux qui les battaient, les torturaient et leur tiraient dessus parlaient arabe et n'étaient pas iraniens.

Contrairement aux Occidentaux qui n'ont qu'une vision partielle du conflit, les gens en Iran ont suivi toute son évolution. La propagande, sous couvert d'une lutte anti-impérialiste avec, comme symboles, le petit Satan (Israël) et le grand Satan (les États-Unis), n'a aucune emprise sur eux. Ils ont étudié le conflit, entendu les anciennes générations. Ils savent que le Hezbollah n'est pas simplement né de l'invasion de l'armée israélienne au Liban, mais bien de l'attitude des Palestiniens, et notamment de l'OLP.

En effet, après la guerre des Six Jours de 1967, durant laquelle la Syrie, l'Égypte, l'Irak, la Jordanie et le Liban ont attaqué simultanément Israël pour détruire le pays, et qui s'est soldée par une défaite des Arabes, de nombreux Palestiniens ont fui vers la Jordanie, où se trouvait déjà une grande partie de la population palestinienne. Les territoires palestiniens de Cisjordanie étaient occupés par les Jordaniens, et ce jusqu'en 1967, tout comme Gaza était occupée par l'Égypte, et non par Israël, dès 1948 et jusqu'en 1967.

L'OLP a donc décidé d'installer son quartier général en Jordanie et d'utiliser le pays comme base arrière pour continuer à mener des attaques terroristes contre Israël. Mais ces attaques plaçaient le pays en difficulté face aux représailles israéliennes. Progressivement, les Palestiniens ont pris de plus en plus de place, et leurs milices ont formé un État dans l'État, allant jusqu'à contrôler certaines zones, mettre en place des *checkpoints*, défier les autorités et menacer le gouvernement jordanien. Certains dirigeants palestiniens ont ouvertement appelé à renverser la monarchie du roi Hussein qui les avait accueillis, et à la destruction de la Jordanie pour y établir un État palestinien.

Le point de rupture a eu lieu le 6 septembre 1970, lorsque l'un des groupes terroristes palestiniens, le Front populaire de libération de la Palestine (FPLP), a détourné plusieurs avions, les faisant atterrir sur un aérodrome en Jordanie pour ensuite les dynamiter devant les yeux horrifiés du monde.

Le 12 septembre, le roi Hussein décidait de mettre fin au chaos créé dans son pays par les Palestiniens. Des combats intenses eurent lieu entre l'armée jordanienne et les forces palestiniennes, notamment à Amman et à Irbid. Les camps de réfugiés palestiniens furent massivement bombardés, et plusieurs milliers de personnes furent tuées. Ce conflit est appelé « Septembre noir ».

En 1971, une nouvelle milice palestinienne a ensuite vu le jour. Baptisée « Septembre noir » en hommage aux Palestiniens tués en Jordanie, elle a mené des actions terroristes spectaculaires, comme l'assassinat de Wasfi Al-Tal, Premier ministre jordanien en 1971, et le massacre des athlètes israéliens aux Jeux olympiques de Munich de 1972.

De nombreux Palestiniens ont alors été chassés de Jordanie, dont des membres de l'OLP, et se sont réfugiés au Liban. L'organisation dirigée par Yasser Arafat a alors recommencé à conduire des attaques terroristes, à mener des raids et à lancer des tirs de roquettes, cette fois depuis le sud du Liban, sur

Israël. De nombreux civils israéliens ont perdu la vie. L'attaque la plus marquante a été le massacre de la route côtière en 1978, durant laquelle trente-huit civils israéliens ont été massacrés par l'organisation d'Arafat. En représailles, Israël a mené l'opération Litani, une première incursion au sud du Liban, pour repousser l'organisation terroriste palestinienne, mais cette dernière s'est rétablie très vite, dès le départ des troupes israéliennes.

Dès 1975, la guerre civile éclate au Liban en raison de tensions internes dans lesquelles les Palestiniens ont joué un rôle central. En effet, comme en Jordanie, le Fatah (faction de l'OLP) avait fini par créer un État dans l'État, exerçant un contrôle total sur certains camps de réfugiés palestiniens et sur des zones entières du sud du Liban. Les factions chrétiennes, principalement les phalangistes, mais aussi d'autres groupes maronites, percevaient la présence des Palestiniens comme une menace à la sécurité intérieure.

C'est un incident entre chrétiens et Palestiniens en 1975, à Bachoura, qui a été le déclencheur immédiat du conflit. La guerre civile a ensuite impliqué d'autres groupes, notamment les sunnites, les druzes et les chiites ; ces derniers se joignant aux Palestiniens pour affaiblir les chrétiens.

C'est finalement le 3 juin 1982, à la suite de la tentative d'assassinat de Shlomo Argov, l'ambassadeur d'Israël au Royaume-Uni, par le groupe palestinien Abou Nidal, qu'Israël a lancé une opération d'envergure au Liban et envahi le pays pour détruire les infrastructures militaires de l'OLP et établir une zone tampon afin de protéger ses villes frontalières. Mais Israël s'était donné aussi un autre objectif : influencer la politique intérieure libanaise en installant un gouvernement désireux d'instaurer la paix, notamment en incluant les factions chrétiennes maronites. C'est ainsi que les Israéliens ont soutenu les phalangistes chrétiens qui ont attaqué les camps de Sabra et Chatila, faisant plusieurs centaines de victimes palestiniennes.

À la suite de ces événements, l'OLP a dû une nouvelle fois déplacer son quartier général pour l'installer en Tunisie. Un exil partiel, car les membres restés sur place se sont dès lors alliés avec d'autres groupes palestiniens au Hezbollah pour poursuivre leur objectif commun : détruire Israël.

La situation n'a pas été différente en Égypte, le berceau des Frères musulmans, où le Hamas a été créé dès 1987. De vives tensions ont éclaté, car les Égyptiens ne voyaient pas d'un bon œil l'influence de ces groupes palestiniens, Fatah ou Hamas, à l'intérieur du pays. Les frontières ont ainsi été renforcées pour empêcher toute entrée de combattant palestinien, mais aussi pour limiter au maximum leurs importations d'armes.

Pour les Iraniens, la lutte armée des Palestiniens n'est synonyme que de chaos et de volonté de destruction. Ils ont vu les conséquences de leur présence dans les autres pays arabes et ils ont également assisté aux répercussions dévastatrices de l'idéologie terroriste menée dès les années 1980 par le guide suprême.

Pour de nombreux Iraniens, les groupes armés et les leaders palestiniens avaient le choix d'accepter la coexistence, mais ils ont misé sur la destruction d'Israël, entraînant dans leur volonté d'anéantissement de l'autre de nombreux pays ainsi que leur propre peuple.

Voici ce que m'a dit récemment un jeune en Iran avec qui je discutais :

> « Si tu ne veux pas la guerre, alors ne la déclenche pas. Cela fait quatre-vingts ans que les leaders palestiniens veulent exterminer les Israéliens. Cela fait quatre-vingts ans qu'ils se prennent des raclées et qu'ils ne comprennent toujours pas qu'il aurait mieux valu faire la paix dès le début. Ils n'ont même pas pitié de leur propre peuple, qu'ils entraînent dans leurs conflits incessants. Et nous, nous devons subir les conséquences géopolitiques et économiques de leur idéologie terroriste.
>
> Ras-le-bol de crever de faim pendant qu'ils utilisent notre argent à Gaza, au Liban, en Syrie,

au Yémen pour semer la mort et le terrorisme, alors que, nous, nous ne voulons que la paix avec Israël et un avenir prospère pour tous. Toute cette histoire de Al-Qods, de martyrs, de jihad et autres délires islamistes, en quoi ça nous regarde en tant qu'Iraniens ? Israël n'a pas de frontières communes avec nous, ne nous veut aucun mal et est même notre seul soutien dans la région. Je devrais les détester parce qu'ils sont juifs et que les Palestiniens sont musulmans ? Je me sens beaucoup plus proche d'un Israélien qui partage les mêmes idéaux de vie que moi que des autres qui sont alignés idéologiquement avec les ayatollahs. »

Ils ont également un regard très critique sur tout ce qui se passe en Occident. Ils ne comprennent pas les manifestations dans lesquelles des Occidentaux crient à l'intifada et à la résistance armée, ou à la gloire du Hamas et du Hezbollah dans les rues de Londres, Toronto, Paris, New York... Tous les jeunes avec lesquels j'ai pu discuter sont stupéfaits de voir la différence entre la réalité du terrain pour eux et la vision romanesque qu'ont les jeunes occidentaux du conflit. Ils sont unanimes pour dire que, finalement, l'Occident commence à ressembler à l'Iran de 1979, où la gauche avait rejoint les islamistes dans une convergence des luttes sur la cause palestinienne et l'anti-impérialisme. Et ils finissent toujours par me dire de manière assez moqueuse : « Tu devrais leur raconter comment ça a fini chez nous pour qu'ils se réveillent avant qu'ils ne soient trop tard. »

D'ailleurs, le conflit israélo-palestinien a également fracturé davantage la diaspora iranienne. Le fossé s'est creusé entre les Iraniens *mellihgar* (« patriotes »), qui sont opposés à la révolution de 1979, attachés à leur histoire, à leur drapeau, à l'intégrité territoriale, et qui sont, à l'image de la grande majorité du peuple iranien, pro-israéliens ; et les anciens révolutionnaires de 1979, marxistes et communistes, et leurs descendants, qui sont propalestiniens et toujours porteurs de la même idéologie anti-impérialiste, mais qui sont très minoritaires dans le pays.

En Iran, la cause palestinienne, la Force Al-Qods, le Hezbollah, le Hamas, les Houthis, et les milices chiites en Irak et en Syrie sont liés au régime et à une idéologie obscurantiste vénérant la mort et la violence. Les rares manifestations propalestiniennes sont composées des membres et rares partisans du régime. Mais le peuple n'y assiste pas. Depuis des décennies, l'un des slogans les plus scandés en Iran est « Ni Gaza ni Liban, je ne donne ma vie que pour l'Iran » pour montrer que « l'axe de la résistance » n'existe pas pour eux et que seule compte leur lutte pour récupérer leur pays aux mains de Khamenei.

Depuis le 7-Octobre, les messages de soutien au peuple israélien ont été si nombreux que le régime a dû voter de nouvelles lois pour sanctionner ceux qui les délivraient. Mais les jeunes ne reculent pas et n'ont pas cessé de scander leurs slogans dans les stades, d'écrire sur les murs, de poster des messages et des commentaires sur les réseaux sociaux pour faire savoir leur position dans le conflit.

De leur côté, les Israéliens montrent aussi un immense soutien à la révolution Femme, vie, liberté. Une relation très forte s'est créée entre les deux peuples, surtout depuis le 7-Octobre.

Je suis bien consciente que ce chapitre fera énormément réagir, mais depuis près de deux ans et demi je ne me suis donné qu'une seule mission : porter la voix de mon peuple. Que sa position sur le conflit ne colle pas avec la pensée de certains, en Occident, qui ne subissent pas les conséquences de toute cette pseudo-résistance m'importe peu. Je ne travestirai aucune réalité historique ni actuelle pour plaire à une minorité. Comprendre la pensée de la majorité des Iraniens, c'est aussi comprendre à quel point tout les oppose à la République islamique.

Cela ne veut pas dire que les Iraniens n'éprouvent pas de compassion vis-à-vis des civils palestiniens victimes de la guerre. Ils ont juste décidé de voir la situation sous un angle plus large et de comprendre comment nous en sommes arrivés là. Cette phrase très simpliste, qu'on entend souvent en Occident, de « Tout n'a pas commencé le 7 octobre » pour justifier les attaques barbares du Hamas ne sera jamais prononcée par les Iraniens. Ils savent bien que la réalité historique est différente et que les attaques meurtrières sur les juifs dans la région, en particulier en Palestine, ont commencé bien avant la création d'Israël et n'ont jamais cessé. Et surtout, ils savent que le terrorisme et l'islamisme n'ont jamais été des moyens de lutte dignes.

Les Iraniens connaissent leur région, ils connaissent la réalité du terrain. Ils savent comment est instrumentalisée la cause palestinienne pour faire monter l'antisémitisme et l'islamisme en Orient, mais aussi en Occident. Ils entendent les mollahs et les membres du Sepah (gardiens de la révolution) se vanter d'affaiblir l'Occident de l'intérieur grâce à la situation.

Ils voient Khamenei se réjouir de l'état des universités américaines et françaises, des manifestations massives à la gloire de « la lutte armée », ils constatent que leurs éléments de langage sont repris par la jeunesse occidentale, qui ne réalise pas dans quel piège elle tombe. Et surtout, ils savent que le 7-Octobre n'avait rien à voir avec une quelconque libération, mais était bien une attaque terroriste dont les objectifs étaient de semer le chaos, de détruire les accords d'Abraham (accords de paix entre Israël et les pays arabes, notamment l'Arabie saoudite) et d'asseoir l'hégémonie du régime de Khamenei dans la région. Et bien sûr, pour que l'impact soit le plus fort possible, il fallait sacrifier des civils et faire couler le sang, utiliser l'humanisme des gens afin d'annihiler tout esprit d'analyse et toute prise de recul sur les raisons de la situation.

Avec ces attaques barbares du Hamas, l'axe terroriste de pseudo-résistance n'imaginait pas qu'il paierait un si lourd tribut. Le Hamas a été grandement détruit et tous ses chefs éliminés, le Hezbollah a perdu Nasrallah et tout son commandement, et a subi l'humiliation suprême avec l'épisode des bipeurs. Le Liban a enfin un nouveau président, et la communauté internationale se mobilise pour que le pays retrouve sa souveraineté politique et militaire après plus de deux ans de blocus du Hezbollah. Le régime de Bachar al-Assad est tombé, et Khamenei n'a jamais été aussi fragilisé, humilié et isolé.

C'est la seule chose que retiennent les Iraniens : d'un côté, un pays ami qui agit pour détruire tous les tentacules terroristes de Khamenei ; et de l'autre, une cause dévoyée qui sert les intérêts islamiques et idéologiques du régime, au nom de laquelle une grande nation comme l'Iran a été détruite et le sang de tant de civils innocents a coulé.

Les Iraniens veulent faire tomber le régime, en finir avec cet axe de la résistance, vivre en paix avec leurs voisins arabes et Israël, et ne plus jamais avoir à supporter les conséquences économiques et humaines d'une idéologie qui glorifie la mort et les martyrs au lieu de célébrer la vie et le bien-être du peuple.

Chapitre 12

Les Pahlavi

« Avez-vous un leader d'opposition ? » Je crois que c'est la question la plus posée en ce moment. Que se passerait-il si la République islamique finissait par tomber ? Pour les Iraniens, à l'intérieur du pays, la question ne se pose pas, car ils ont majoritairement, désigné depuis bien longtemps, Reza Pahlavi. Pourtant, en Occident, leur parole continue d'être étouffée par paternalisme et avec les efforts constants des marxistes, des communistes, des moudjahedins-e-Khalq et des réformateurs du régime. Les mêmes qui, en 1979, ont fait plonger notre pays dans l'obscurantisme et qui, quarante-cinq ans après, avancent, chacun, avec leur idéologie, sans considération pour les demandes de ceux qui, dans le pays, risquent leur vie pour libérer l'Iran.

Depuis plus de deux ans, les familles de victimes, la majorité des prisonniers politiques et des jeunes mutilés apportent leur soutien au prince Reza Pahlavi. Lors des manifestations Femme, vie, liberté, son nom était scandé par des centaines de milliers de personnes. Les mêmes scènes se sont déroulées dans les stades, les écoles, les universités. De nombreuses campagnes en ligne ont été menées par les Iraniens pour lui exprimer leur soutien.

Mais le monde continue d'ignorer leurs demandes. « Le fils du shah ? Jamais ! Les Iraniens méritent une démocratie. » Voilà ce que nous pouvons entendre et lire de la part de personnes ne connaissant absolument rien à notre histoire ni à notre peuple.

La première erreur que font la plupart des « commentateurs » est de considérer l'Iran, un pays dont ils ignorent tout, à travers leur prisme occidental. Lorsque Mahsa Amini a été tuée, que les manifestations ont commencé au sein de la diaspora, j'ai découvert une catégorie d'Iraniens dont j'ignorais totalement l'existence.

J'ai passé ma vie à aller en Iran, j'ai parlé à des centaines d'Iraniens. Chauffeur de taxi à Ispahan, pêcheur en bord de mer Caspienne, bijoutier arménien à Téhéran, amis de mon âge venant de toutes les régions, quels que soient leur ethnie, leur milieu social ou leur âge, le constat était toujours le même : un véritable amour pour la famille Pahlavi, et ce, quelle que soit la génération. Les plus âgés me parlaient de l'époque où ils étaient libres et ne connaissaient pas la faim, les plus jeunes étaient nostalgiques d'une époque qui leur avait été racontée. Ils exprimaient même leur colère face au drame provoqué par les « trois pourritures » (*Seh Fassed*), comme les appellent les gens dans le pays : les mollahs, les gauchos (marxistes et communistes) et les moudjahedins-e-Khalq.

Je n'ai connu qu'un seul drapeau historique pour notre pays, celui du lion et du Soleil, respecté de tous, le symbole de notre identité et de notre patriotisme. Les gens en possèdent même illégalement chez eux pour se rappeler qu'un jour l'Iran était une grande nation respectée.

Dès septembre 2022, j'ai vu apparaître au sein de la diaspora les exilés dits de gauche marxiste. Ceux qui avaient renversé le shah et ses descendants. Je me suis intéressée à leur idéologie. J'ai réalisé que ces gens refusent notre drapeau, notre histoire, notre identité, notre intégrité territoriale, et surtout participent activement à des campagnes massives de désinformation dans les médias et auprès des politiques pour réduire au silence la voix de mon peuple. Leur haine de la famille Pahlavi est plus forte que leur amour pour leur pays et leur respect pour ceux qui sacrifient leur vie.

Avant de vous parler de Reza Pahlavi, j'aimerais revenir sur certains faits historiques qui vous permettront de comprendre pourquoi les Iraniens ne sont pas naïfs et pourquoi, même si tout n'a pas été parfait, ils ont un immense respect et tant d'amour pour la dynastie Pahlavi.

Une part importante de la population a été victime de la propagande menée en 1979 par les islamistes et les marxistes. Mais pas qu'eux... De grands intellectuels, tels que Jean-Paul Sartre, Michel Foucault et Simone de Beauvoir, y ont également participé activement. Comment tant de gens à travers le monde ont-ils pu croire qu'un vieux sénile islamiste à turban comme Khomeini apporterait une quelconque amélioration dans la vie des Iraniens ?

Que cherchaient vraiment les marxistes ? Avaient-ils réellement des intentions nobles ? Eux qui prétendaient défendre un idéal social de partage des richesses n'étaient-ils pas, en réalité, des agents déstabilisateurs à la solde de l'empire soviétique ?

La dynastie Pahlavi a commencé avec Reza Shah Pahlavi. On entend encore partout, en Iran, les gens scander « Reza Shah rouhat shad » (« Reza Shah, paix à ton âme »). Reza Shah avait pris la tête d'un pays tiers-mondiste, détruit, disloqué et très en retard sur le reste du monde. L'Iran était alors dirigé par la dynastie des rois qadjar. Sous leur règne chaotique, islamique, désorganisé et corrompu, le pays a perdu l'Azerbaïdjan, l'Arménie, la Géorgie et le Daghestan au profit de la Russie (traités de Golestan en 1813 et de Turkmantchaï en 1828) ; l'Afghanistan au profit des Britanniques (traité de Paris en 1857) ; et des territoires en Asie centrale, également au profit de la Russie (traité d'Akhalkalaki en 1881).

L'Iran était alors totalement dépendant économiquement des puissances européennes, auxquelles les Qadjar avaient cédé leurs richesses (pétrole, banques ou encore chemins de fer). Les infrastructures et les routes étaient dans un état désastreux. La pauvreté faisait rage. Le mécontentement du peuple était grand. En 1907, lorsque Mohammad Ali Qadjar a tenté d'abolir la constitution, une guerre civile a éclaté, menant à son abdication quelques années plus tard. Une figure a alors émergé, très populaire et respectée, Reza Khan, qui a renversé les Qadjar, pris le pouvoir en 1925, devenant ainsi Reza Shah Pahlavi.

Reza Shah Pahlavi a transformé considérablement l'Iran au début du XXe siècle. Ses contributions, nombreuses, sont historiques. Il a mis en place la centralisation des pouvoirs pour limiter l'influence des seigneurs locaux et ainsi créer un État moderne. Il a mené des réformes administratives profondes en instituant un système bureaucratique, inexistant auparavant, pour faciliter la gouvernance et la gestion du pays. Il a construit un réseau ferroviaire national avec, notamment, le « chemin de fer transiranien », reliant le nord au sud du pays, de la mer Caspienne au golfe Persique. Il a réalisé de nombreux aménagements urbains, comme la construction d'écoles, d'hôpitaux, d'immeubles administratifs. Une véritable modernisation, à vitesse grand V.

Et ce n'est pas tout. Il a engagé des réformes sociales à grande échelle, modifiant profondément la société gangrénée par l'idéologie islamique et analphabète. Il a mis en place, bien en avance sur son temps, des écoles laïques et créé l'université de Téhéran en 1934. Et surtout, il a fait la promotion de l'éducation pour tous, notamment des femmes. La révolution culturelle était en cours, renouant avec ce qu'était l'Iran avant l'invasion arabo-musulmane qui avait imposé l'islam.

Reza Shah était persuadé qu'une société moderne et éduquée ne pouvait aller de pair avec une société religieuse et islamique. Il a libéré les femmes du voile et même pris la décision radicale de l'interdire. Cette mesure controversée a permis l'émancipation de beaucoup de femmes et s'est accompagnée d'un accès massif à l'instruction.

Reza Shah a également fait de l'Iran une grande puissance en créant une armée moderne, parfaitement entraînée, avec deux objectifs : renforcer l'unité nationale et lutter contre les ingérences étrangères.

Reza Shah a fait renaître le nationalisme iranien. Il méprisait par-dessus tout ce qu'était devenu le pays sous l'influence islamique. Il a développé notre héritage plurimillénaire préislamique et zoroastrien, en référence à la religion ancestrale, de laquelle découlent encore, aujourd'hui, la majorité de nos fêtes et célébrations nationales.

Il voulait que l'Iran devienne une grande puissance respectée dans le monde. C'est aussi pour cette raison qu'il a changé le nom officiel du pays. La « Perse », utilisée par les Occidentaux, est redevenue l'« Iran », véritable nom historique de notre pays.

Reza Shah était un grand monarque, considéré pour beaucoup comme le père de la nation iranienne. Bien qu'il fût autoritaire et sévère envers ses opposants politiques, il n'en reste pas moins une légende et un héros pour le peuple iranien. D'autant qu'il a tenu tête aux ingérences russes et britanniques, qui menaçaient toutes nos ressources, notamment le pétrole.

Son fils Mohammad Reza Pahlavi, dernier shah d'Iran (de 1941 à 1979), a poursuivi les efforts de modernisation entrepris par son père, avec toujours le même objectif : que l'Iran devienne au plus vite une des plus grandes puissances mondiales dans tous les domaines.

Lors d'une interview, un journaliste français lui avait demandé s'il se considérait comme un despote éclairé. Il avait alors répondu dans un français parfait : « Éclairé, je ne sais pas, c'est vous qui le dites. Despote ? Je dois développer mon pays assez rapidement durant les dix prochaines années pour rattraper ce que vous avez construit en trois cents ans. »

Et effectivement, il s'y est attelé, notamment avec la « révolution blanche », une série de réformes économiques, sociales et politiques pour réduire les inégalités sociales. Les mesures historiques prises par le shah ont été nombreuses. La plus forte a été, sans nul doute, la confiscation des terres appartenant au clergé chiite pour les redistribuer aux paysans. Des millions de travailleurs de la terre sont ainsi devenus propriétaires. La colère des mollahs à son égard est née de là : la fin de leurs privilèges islamiques a été l'une des principales raisons de leur révolution de 1979.

Il a également permis aux ouvriers de devenir propriétaires des usines dans lesquelles ils travaillaient, et ce, de manière prioritaire, tout en imposant que 20 % des bénéfices leur soient versés afin qu'ils puissent acheter des parts.

Mohammad Reza Pahlavi a continué de développer les infrastructures, les écoles, les hôpitaux, les routes, les bâtiments administratifs, tout en privatisant les forêts et les pâturages.

Pour que l'Iran accède au rang de puissance économique mondiale, il a misé sur une industrialisation rapide et massive du pays, avec le développement de nombreux secteurs, comme le pétrole, le textile, la production automobile ou encore la sidérurgie.

Le shah voulait par ailleurs que son pays devienne l'égal des puissances occidentales et il savait qu'il avait en sa possession une arme importante : l'or noir. C'est ainsi qu'en 1960, à son initiative, a été organisée la conférence de Bagdad durant laquelle a été créée l'OPEP (l'Organisation des pays exportateurs de pétrole). Il avait ainsi de grandes ambitions pour son pays, mais également pour la région. Et c'est cette même ambition qui lui a valu une propagande aussi féroce et injuste.

Mohammad Reza Shah savait que la culture, l'éducation et le savoir étaient indissociables de la construction d'une nation moderne et prospère. La lutte contre l'analphabétisme était l'une de ses priorités, notamment en milieu rural. Il a créé les corps d'alphabétisation, qui ont permis ainsi à de nombreux jeunes de devenir enseignants dans leurs propres villages. Pour que tout le monde puisse avoir accès à l'instruction, l'école et même la cantine étaient gratuites. Il a également financé diverses bourses d'études afin que les étudiants puissent aller étudier en Occident.

Le secteur de la santé n'était pas en reste. Le shah a développé massivement l'accès aux soins et la formation de professionnels médicaux dans tous les domaines.

Petit à petit, l'Iran n'a plus rien eu à envier à l'Europe. La révolution la plus significative qu'il a menée a été celle des droits des femmes. Il leur a accordé le droit de vote en 1963, soit huit ans avant les femmes suisses ; le droit à l'IVG, deux ans avant la loi Veil en France. Il leur a ouvert l'accès au Parlement et aux ministères, et il a entamé des réformes profondes pour l'égalité juridique, faisant face aux revendications des religieux conservateurs.

Les révolutionnaires de 1979 n'ont eu de cesse de dire au monde que leur but était la chute de l'impérialisme et le combat du peuple contre l'élite. Mais la réalité des faits est tout autre. Le shah a offert des droits et des richesses aux plus basses classes sociales tout en leur donnant accès à des infrastructures de plus en plus développées, il a rendu l'instruction gratuite et permis aux femmes de devenir les égales des hommes, tout ce pour quoi prétendaient se battre les pseudo-intellectuels de l'époque.

Lors de son règne, la monnaie était forte, et les classes moyennes pouvaient voyager, partout, à travers le monde. Les plus grandes stars, d'Alain

Delon à Mike Brant, en passant par Frank Sinatra, se produisaient dans le pays. Les inégalités existaient toujours, mais s'amoindrissaient considérablement à mesure que le pays se développait.

L'Iran était également une puissance militaire, mais aussi un acteur majeur de stabilité géopolitique. Et surtout, un allié de l'Occident dans la région face à l'Union soviétique. Pourtant, cela ne l'a pas empêché de le trahir au profit des islamistes.

Tout le mérite de la modernisation du pays ne peut être attribué qu'aux seuls shahs Pahlavi. La *shahbanou* Farah Diba Pahlavi, surnommée « la mère de l'Iran » et épouse de Mohammad Reza Pahlavi, a joué un rôle essentiel dans l'histoire de notre pays. Farah Diba, comme elle est souvent appelée en Occident, a été la première femme à porter le titre de *shahbanou*, impératrice, dans l'histoire moderne de l'Iran. Bien qu'elle soit surtout connue, en France, pour son élégance, sa prestance et son français parfait, elle est bien plus que cela. Elle a joué un rôle majeur dans les progrès sociaux, culturels et éducatifs durant le règne de son mari. Elle a toujours été une voix puissante des droits des femmes, des enfants et des minorités, épousant un nombre considérable de causes humanitaires. Elle n'a eu de cesse d'encourager les femmes à s'instruire, à travailler et à s'engager pleinement dans la société.

Elle a également permis une véritable renaissance culturelle et artistique, alliant la volonté de préserver notre héritage persan et notre savoir-faire ancestral et le développement de la place de l'art contemporain. Ainsi, elle a entrepris la création du musée d'art contemporain de Téhéran, qui contenait la plus importante collection d'art moderne en dehors de l'Occident. Elle a aussi ordonné la restauration des sites historiques et du patrimoine culturel. Les Pahlavi ont toujours été désireux de défendre notre histoire et notre culture préislamique.

L'impératrice consacrait également une grande partie de son temps à l'amélioration de la vie des enfants, notamment des orphelins. Elle a supervisé la création de nombreux orphelinats modernes. Elle voulait leur offrir toutes les chances de réussir dans la vie. L'éducation y était excellente, et elle mettait un point d'honneur à ce qu'on porte une attention particulière à leur santé mentale et physique : sport, soins médicaux, suivi psychologique et alimentation équilibrée. Elle y préconisait l'enseignement d'activités culturelles et musicales diverses.

Dans le même temps, par l'intermédiaire de sa Fondation pour le bien-être des enfants (*Bonyad-e-Refah-e Koodakan*), elle a mis en place des programmes visant à réduire la pauvreté infantile et a fourni un soutien sans précédent aux familles les plus défavorisées et aux foyers les plus vulnérables afin de limiter les abandons d'enfants et leur donner toutes les chances d'avoir un avenir meilleur que celui qui leur était destiné.

Encore aujourd'hui, la *shahbanou* est l'une des figures les plus aimées et respectées du peuple iranien, que ce soit dans le pays ou dans la diaspora. Elle n'a eu de cesse, depuis que la République islamique occupe l'Iran, c'est-à-dire plus de quarante-cinq ans, de porter la voix de son peuple.

Bien sûr, comme partout, tout n'était pas idyllique, mais tous ces éléments permettent de mieux comprendre l'amour des Iraniens pour les Pahlavi et pourquoi il est important de cesser de faire preuve de paternalisme à leur égard lorsqu'ils scandent leur nom ou honorent leur mémoire.

Les Iraniens ont pleinement conscience que, à l'époque du shah, la Savak (police secrète), traquait les communistes et les islamistes, qui étaient arrêtés et emprisonnés ; que les pouvoirs du Parlement et la liberté de la presse étaient très limités ; que des inégalités continuaient d'exister malgré les efforts de développement du pays.

Mais l'ampleur de la propagande mise en place par les ennemis de l'Iran pour faire du shah un despote sanguinaire et présenter Khomeini comme un sauveur est également connue de tous. Il s'agissait là de diaboliser l'ennemi à abattre pour justifier le renversement du pouvoir en place. La propagande khomeiniste a été reprise et largement amplifiée, sans discernement, sans esprit critique ni *fact-checking* de la part des médias et des intellectuels occidentaux, fascinés par ce vieil homme et sa longue barbe blanche. Ils en avaient fait un symbole de la lutte du peuple contre l'opulence et l'impérialisme monarchique.

Ceux qui se prétendaient défenseurs des droits des femmes et de l'égalité sociale se retrouvaient à diaboliser un homme ayant œuvré sans relâche pour plus de justice sociale, pour le développement de l'instruction et des infrastructures, pour la distribution de terres gratuites aux paysans, pour l'égalité des droits. L'ironie de la situation était telle que les jeunes partis étudier à l'étranger, tous frais payés par le shah, étaient les opposants les plus virulents et menaient une véritable campagne, poussée par l'idéologie communiste soviétique pour faire tomber celui qui leur permettait d'étudier dans les plus prestigieuses universités du monde.

L'Iran a toujours fait les frais des propagandes étrangères. Ce pays qui dispose d'un emplacement stratégique et de 10 % des richesses mondiales a toujours été la cible de ceux qui voulaient en prendre le contrôle.

Lors d'un discours d'Anne Hidalgo, le 16 septembre 2023, pour l'inauguration du square Mahsa Amini à Paris, madame le Maire avait fait un parallèle outrancier entre l'horreur de la République islamique et la monarchie du shah provoquant l'indignation des Iraniens présents ce jour-là. À la suite de ce discours, au sein de notre association, nous nous étions dit qu'il était temps de rétablir quelques faits historiques et expliquer la machine de propagande mise en place pour renverser le shah via une campagne massive de désinformation.

En 1978, Khomeini était exilé en France, à Neauphle-le-Château. Il maîtrisait parfaitement les codes idéologiques anti-impérialistes et anti-américains de la gauche française de l'époque. Il n'eut que peu de mal à la convaincre qu'il était la figure suprême de la lutte contre l'impérialisme et la voix des « sans dents ». Des intellectuels français de renom, comme Michel Foucault, Jean-Paul Sartre ou Simone de Beauvoir, ont ainsi ouvertement soutenu son projet sociétal islamique et moyenâgeux. Ils ont activement aidé celui qui deviendra le bourreau sanguinaire du peuple iranien. Aveuglés par leur propre idéologie, ils firent de Khomeini un symbole de résistance, refusant d'affronter la réalité de ses écrits et de mesurer leur mauvaise foi concernant toutes les avancées sociales acquises grâce au shah au sujet des droits des femmes, des minorités, des classes défavorisées et des paysans.

Les médias occidentaux et les intellectuels de gauche relayèrent ainsi sans le moindre esprit critique les accusations portées par Khomeini contre le régime du shah. Et quarante-six ans après, nous continuons de lutter contre toute cette machination.

Dans notre courrier préparé pour madame Hidalgo, que nous n'avions finalement pas envoyé sur les conseils d'une élue à qui je l'avais fait lire, nous avions écrit :

Un récit historique erroné

Le dernier élément du discours que vous avez tenu a poussé les Iraniens à quitter cette cérémonie avant sa fin. Il a été dit « un régime abominable, remplacé par un autre régime abominable ». Le régime du shah d'Iran a ainsi été placé sur le même plan que le régime fasciste de la République islamique. Or, ces deux régimes ne peuvent en aucun cas être comparés. Il est primordial de rétablir certaines vérités historiques :

- **Les prisonniers politiques**

Sous le shah Mohammad Reza Pahlavi :

En 1980, William J. Butler, de la Commission internationale de juristes (CIJ), estimait que le nombre de prisonniers politiques sous le dernier shah d'Iran n'a jamais dépassé 3 500.

Selon Amnesty International, cette population était essentiellement constituée de groupes de guérilla islamique et marxiste (Moudjahidines, Fedayin) et de mouvements séparatistes armés (kurdes, baloutches, azerbaïdjanais). Les prisonniers de conscience ne représentaient qu'une infime minorité (environ une centaine de personnes dont des membres de la famille de membres de notre association qui s'associent pourtant sans hésitation à ce courrier)

Sous la République islamique :

Le seul soulèvement déclenché par le meurtre de Mahsa Jina Amini en septembre 2022 a donné lieu à l'arrestation et à l'incarcération arbitraire de 20 000 manifestants pacifiques dont de nombreux mineurs, détenus dans des conditions inhumaines.

Pour reprendre les mots de Kian Tajbakhsh, universitaire membre du Comité sur la pensée mondiale de l'Université de Columbia, sous la république islamique, « l'Iran est devenu une prison ».

• Les exécutions de prisonniers politiques
Sous le shah Mohammad Reza Pahlavi :

Selon Amnesty International, qui avait commencé à recenser le nombre d'exécutions à partir de 1972, le nombre d'exécutions était supérieur à 300. Les annuaires officiels de l'organisation ne font état quant à eux que de deux personnes exécutées après le milieu de 1977, dont le meurtrier d'un employé de l'ambassade américaine et un général reconnu coupable d'espionnage. Dans les années 1970, la France guillotinait encore, et sept personnes s'étaient vu infliger la peine de mort.

Au début de 1977, le shah a invité les dirigeants d'Amnesty International, du CICR et de la CIJ à se rendre à Téhéran. Lors d'audiences personnelles, il a informé Martin Ennals d'Amnesty International et Butler de la CIJ qu'il avait ordonné l'arrêt de la torture, et mit Butler au défi de produire un seul exemple de torture depuis le mois de septembre 1976. Il a également ouvert les prisons à la Croix-Rouge Internationale.

Butler affirme que le shah avait promis des « changements substantiels » au Code de procédure militaire pour juger les personnes accusées de crimes politiques. Peu de temps après, des projets de loi à cet effet étaient soumis au Parlement iranien avant d'être adoptés en août 1977. En octobre 1977, la sous-commission de la Chambre sur les organisations internationales convoquait une audience sur les droits de l'homme en Iran. Étaient présents Butler, Charles Naas, directeur de l'État chargé des affaires iraniennes, et deux professeurs, dont le professeur Richard W. Cottam de l'Université de Pittsburgh, spécialiste de l'Iran. Ce dernier avait alors déclaré à la sous-commission que le shah « avait apporté des réponses d'une manière qui n'était pas simplement cosmétique ». Butler déclarait quant à lui au sous-comité que la CIJ n'avait recensé aucun cas de torture en Iran au cours des 10 ou 11 mois précédents.

Sous la République islamique :

La République islamique a exécuté 20 000 à 30 000 prisonniers politiques entre juillet et août 1988. En l'espace de deux mois, ces hommes et ces femmes, certains même mineurs, ont été arbitrairement tués pour leur opinion et jetés dans des fosses communes. Ces massacres de 1988 sont qualifiés de crimes contre l'humanité par les ONG internationales.

La France des années 1970 a soutenu l'ayatollah Khomeini et n'a eu de cesse de diaboliser le shah d'Iran en diffusant les chiffres inventés par Khomeini lui-même sans aucune vérification des faits.

Le travail des historiens nous prouve aujourd'hui que l'Iran à l'époque du shah n'avait rien à envier à la France du général de Gaulle dont on célèbre à juste titre le patriotisme tout en omettant bien volontiers les conditions inhumaines de détention dans les prisons des années 1960, la torture et les exécutions arbitraires pratiquées en Algérie.

Depuis quante-six ans, nous entendons certaines personnes nous dire que le shah était le valet du Grand Satan (les États-Unis) et pourtant de nombreux éléments déclassifiés depuis montrent que les États-Unis de Carter étaient en lien avec Khomeini afin de discuter de la suite sans le shah et s'assurer de préserver les intérêts américains dans la future République islamique. D'ailleurs, les Américains n'ont mis que deux jours pour reconnaître la République islamique comme gouvernement officiel de l'Iran après la chute du shah.

Très souvent, lors des conférences que j'anime, quelqu'un finit toujours par me dire : « Oui, mais à l'époque du shah, quiconque s'opposait à lui était enfermé, torturé et tué. » Avec pédagogie, j'essaie de rappeler la réalité, à savoir que la quasi-totalité de ceux qu'on appelle « prisonniers politiques » étaient des guérilleros, des terroristes ou des fanatiques. Mais la propagande est telle, depuis quarante-cinq ans, que les Iraniens ont beaucoup de mal à rétablir la vérité, d'autant que les descendants de ces marxistes, communistes, moudjahidines et islamistes, continuent inlassablement à propager le discours khomeyniste de 1978 pour justifier leur révolution qui nous a menés au chaos et à l'obscurantisme.

Comment en tant que Français, pouvons-nous discréditer l'amour des Iraniens pour les Pahlavi et dans le même temps célébrer le Général de Gaulle alors que nous savons les emprisonnements arbitraires, les tortures, les assassinats et les violations de liberté de la presse durant sa gouvernance ? Pourquoi faisons-nous le travail de contextualisation de la période pour la France mais refusons-nous de le faire pour l'Iran ? Pourquoi acceptons-nous de voir les services rendus au pays le concernant mais voulons-nous retirer ce droit au peuple iranien ?

Les Iraniens en diaspora sont continuellement infantilisés, au point que certains veulent leur apprendre leur propre histoire et leur répètent sans cesse : « Nous savons mieux que vous ce qui est le mieux pour votre pays. »

La réalité est que les ennemis intérieurs de l'Iran qui se prétendaient progressistes ont menti pour servir leur idéologie communiste et les intérêts de l'Union soviétique. Ils se sont alliés aux islamistes, ont usé de la violence, du terrorisme et de la désinformation pour renverser un régime qui était réformable. Réformable parce que dirigé par un homme qui aimait profondément son pays et son peuple contrairement à l'Ayatollah Khomeini qui méprisait l'Iran.

Ils ont sciemment trahi leur pays pour leur doctrine marxiste et communiste. Ils ne pensaient pas aux intérêts nationaux, d'où leur alliance avec les séparatistes, mais uniquement à prendre le pouvoir pour instaurer une république communiste. Et ce dans un pays qui se développait à vitesse grand V et était en avance sur tous les autres dans la région.

Et l'Occident est devenu leur allié idéologique alors même que le shah était bien plus aligné avec leur universalisme. Cette erreur terrible a changé le cours de l'histoire. Le shah a d'ailleurs dit dans une interview : « Si je tombe, l'Iran tombe, le Moyen-Orient tombe et le reste du monde suivra. » Et on en prend le chemin.

Chapitre 13

Comment la gauche continue de profiter aux islamistes

L'alliance du rouge et du noir a vu le jour en Iran. Ce qu'on appelle l'islamo-gauchisme est né dans mon pays. Ce n'est pas un mythe, et il a détruit l'une des plus grandes nations.

Il y eut, dès le 16 février 1979, soit à peine deux semaines après le retour en Iran de Khomeini, des exécutions massives visant à éliminer les dirigeants militaires et civils opposés au nouveau régime.

En l'espace de seulement deux mois (entre juillet et août 1988), 20 000 à 30 000 prisonniers politiques furent massacrés. Hommes, femmes et enfants ont été arbitrairement tués et jetés dans des fosses communes.

Parmi les révolutionnaires de gauche de 1979, le désenchantement fut rapide. Ils furent même parmi les premières victimes de ces islamistes qu'ils avaient soutenus et menés au pouvoir.

De nombreux membres du Tudeh de l'époque ont expliqué avoir été emportés par l'élan communiste, par la ferveur populaire de gauche voulant faire tomber le shah à tout prix sans se soucier de ce qui arrivait réellement. Avec le recul, ils avaient compris qu'ils ne savaient même pas pour quelle liberté ils se battaient.

Les images d'archives de 1979 sont édifiantes sur le degré d'endoctrinement des révolutionnaires. Les féministes de gauche en arrivaient à promouvoir l'islamisme pour atteindre leurs rêves bolcheviques. Celles à qui le shah avait donné l'égalité des droits et la liberté étaient devenues les alliées de l'obscurantisme.

Ainsi en 1979, Hama Nategh, professeure d'histoire et militante de gauche, donnait une interview sur Antenne 2 dans *Aujourd'hui madame*, dans laquelle elle expliquait, dans un français parfait : « La question du voile n'est pas pour moi tellement importante. C'est une question secondaire. Si jamais on sait que notre indépendance est en danger, que la lutte contre l'impérialisme que nous avons menée jusqu'ici est en danger parce que nous n'avons pas de voile, moi je suis prête à porter le voile pendant des années et des années, même 1 000 voiles. »

Cette interview montre bien que l'aveuglement idéologique était tel que l'impérialisme islamique n'était pas perçu comme une menace mais que le shah et son progressisme étaient les ennemis à abattre quitte à renoncer à toutes les libertés acquises. La haine de l'occident et d'Israël d'un côté et les rêves d'un Iran soviétique, ont poussé cette gauche idéologue et inconsciente à détruire notre pays.

Malheureusement, beaucoup de ceux qui ont fui l'Iran après cette révolution et qui étaient impliqués dans cette dernière n'ont pas cette lucidité et sont devenus un frein à notre mouvement. Ceux que les Iraniens appellent les « tchapis » (gauchos) n'ont eu de cesse, au sein de la diaspora, dans les médias et dans leurs conférences, de continuer de diffuser la même propagande anti-Pahlavi sans réaliser qu'à chacune de leurs interventions, ce n'est pas que la réalité qu'ils travestissent, mais bien la voix des Iraniens qu'ils étouffent. Ils ne sont, pour beaucoup, plus animés par le même extrémisme, même s'ils sont toujours très à gauche et proches de LFI. Ils ont surtout l'impression que la révolution de 1979 leur a été volée et qu'ils ont une revanche à prendre. Alors l'idée même que près de cinquante ans plus tard, ce soit encore un Pahlavi qui soit plébiscité leur est insupportable. Même si ce dernier a des idéaux démocratiques, sociaux, féministes, laïcs et écologiques en adéquation avec leurs revendications.

La jeunesse d'aujourd'hui en Iran n'est plus celle de 1979. Elle est pleinement consciente de tout ce qui s'est joué. Elle connaît son histoire, elle l'a étudiée et a écouté ses parents lui raconter comment le pays a basculé et qui y a participé.

Tous ces idéologues « tchapis » n'ont eu de cesse, depuis deux ans, de me mettre des bâtons dans les roues, de saboter nos actions, de publier des posts publics diffamants à mon encontre, ou utiliser leur position d'activistes, d'avocats ou de journalistes pour dépeindre notre association comme celle de « fachos royalistes d'extrême droite ». Et ce, afin de nous décrédibiliser et de nous empêcher d'apporter des éléments historiques, mais aussi de porter la voix de ceux qui, au péril de leur vie, sortaient dans la rue, scandant : « un Iran qui n'a pas de shah est un Iran détruit », « Prince Pahlavi, tu es notre représentant », « Prince Pahlavi, où es-tu ? Tu es notre voix ! » ou encore « Prince, nous sommes prêts, donne-nous l'ordre ».

Notre association n'a d'ailleurs jamais milité pour la restauration d'une monarchie, mais nous avons répondu honnêtement que Reza Pahlavi est la personne la plus populaire pour prendre la tête d'un gouvernement transitoire. Et nous n'avons eu de cesse d'expliquer que l'objectif premier doit rester de renverser le régime tout en acceptant la volonté du peuple, qui votera librement pour la forme de démocratie voulue. Que ce soit une république, comme en France, ou une monarchie constitutionnelle, comme en Espagne, ils décideront, et nous les soutiendrons, car ce sont eux qui ont souffert durant toutes ces décennies.

Dans les sondages, comme celui de l'institut Gamaan, les articles de médias étrangers, à l'instar de celui du Sunday Times du 3 mars 2024, qui titrait « Pourquoi la jeunesse iranienne accueillerait le retour du fils du shah » (« Iran elections, Why would Iranian youth welcome return of shah's son ? »), les manifestations, les messages sur les murs, les posts sur les réseaux sociaux, le soutien des familles de victimes et des jeunes mutilés dans la rue, un seul et même nom revient toujours : REZA PAHLAVI.

Non seulement les « tchapis » n'ont pas de leader populaire, mais ils n'ont pas non plus de soutien réel dans le pays. Reza Pahlavi a bien essayé d'appeler à la cohésion tous ceux respectant trois principes fondamentaux, une démocratie laïque, l'intégrité territoriale et le respect des droits humains, rien n'y a fait. Leur haine des Pahlavi a toujours été plus forte que leur amour de l'Iran.

Comme en 1979, ils sont prêts à tout pour leur doctrine.

Je me souviens d'une conversation que j'ai eue avec l'un des leaders d'une association de la « gauche » iranienne en 2023. Je tentais encore désespérément d'appeler à l'union et à des actions communes au-delà des idéaux de chacun. Cet homme d'une soixantaine d'années faisait preuve d'une mauvaise foi manifeste pour exclure toute union lors d'une simple manifestation. Il exigeait qu'aucun Iranien ne soit autorisé à manifester avec un signe de soutien à Reza Pahlavi (très démocratique...). Alors, quelqu'un lui a demandé : « Mais vous ne pouvez pas continuer à rejeter la volonté majoritaire des Iraniens. Si je vous donne le choix entre une révolution avec, comme leader, Reza Pahlavi ou le maintien de la République islamique, que préférez-vous ? » Et sans une once d'hésitation, il a répondu : « Je préfère autant que les mollahs restent. » J'ai compris ce jour-là qu'il faisait partie du problème que nous combattions et qu'il n'était qu'un opposant de façade toujours embourbé dans sa doctrine révolutionnaire de 1979. Il n'avait tiré aucune leçon de l'histoire. Lui qui vivait confortablement en démocratie, après avoir provoqué l'avènement au pouvoir de Khomeini, était prêt à s'opposer à la liberté et à la démocratie pour son propre peuple si ce dernier refusait de s'aligner avec ses idéaux communistes.

J'imagine que certains d'entre vous s'interrogent sur ma légitimité à dire que Reza Pahlavi est le leader de l'opposition. Je vais vous citer quelques Tweet d'Armin Arefi, grand reporter au Point, dont je combats, depuis plus de deux ans, les idées et prises de position géopolitiques, mais aussi le positionnement anti-Pahlavi. Arefi est un journaliste très décrié dans la diaspora à cause de ses articles jugés partisans, et il suffit de se rendre sous ses posts pour y lire les réactions des Iraniens. Pourtant, le 8 février 2023, il tweete : « Sur les 80 % d'Iraniens qui soutiennent les manifestations, 85 % se disent favorables à un "conseil de solidarité" (coalition de l'opposition) dont les figures les plus plébiscitées seraient, dans l'ordre, Reza Pahlavi, Ali Daei, Ali Karimi… » Reza Pahlavi arrivant en tête et les deux suivants étant ses soutiens. Peu de temps avant, il avait tweeté, le 22 janvier 2023 :

« ELLE PREND DE L'AMPLEUR, la campagne en ligne "je te donne procuration", qui demande à Reza Pahlavi, fils du dernier shah d'Iran, de représenter le mouvement de contestation à la République islamique et de diriger la période de transition. » Le même jour, il avait tweeté à nouveau : « D'après un sondage réalisé en février 2022 par le centre néerlandais Gamaan

Research sur les personnalités politiques pour lesquelles les Iraniens voteraient en cas d'élections libres, Reza Pahlavi arrivait largement en tête... » Quand le journaliste franco-iranien le plus opposé aux Pahlavi avoue lui-même que Reza Pahlavi est de loin le leader le plus plébiscité par le peuple iranien, pourquoi, sur le terrain, dans les médias et dans leur activisme, tous ses « soutiens » de gauche de la cause Femme, vie, liberté en diaspora se donnent-ils tant de mal à nier cette réalité ? Ils ne font que torpiller notre révolution et faire peur aux gouvernements occidentaux, qui craignent le chaos en cas de renversement du régime. Vont-ils indéfiniment aller à l'encontre de la volonté du peuple qu'ils prétendent défendre ?

Comment peuvent-ils affirmer vouloir une démocratie alors qu'ils ne sont pas capables d'accepter une réalité aussi évidente ? Leurs tentatives désespérées ont grandement participé au maintien au pouvoir du régime. Alors que nous tentions par tous les moyens de faire entendre la volonté nationale iranienne aux politiques et aux médias, les « tchapis » préféraient nous coller l'étiquette de « royalistes pro-dictature d'extrême droite », effrayant ainsi de possibles soutiens biberonnés au récit khomeyniste de notre histoire.

De la même manière qu'en 1979, la propagande et la désinformation étaient leurs armes. Aujourd'hui encore, ils prétendent que Khamenei n'a pas d'opposants crédibles ou que les opposants sont tous en prison, empêchant ainsi la tenue de toute collaboration entre les dirigeants occidentaux et l'équipe de Reza Pahlavi.

Leur positionnement est d'autant plus scandaleux que pas une seule fois, Reza Pahlavi n'a prôné le retour à la monarchie. Depuis quarante-cinq ans qu'il combat le régime, son discours a toujours été le même : « Je ferai ce que le peuple veut. Je prendrai la tête d'un gouvernement transitoire, si cela correspond à la volonté de mes concitoyens, pour assurer cette période et organiser des élections libres pour permettre aux Iraniens de choisir la forme de démocratie et le dirigeant qu'ils souhaitent. »

Tous les soutiens de Reza Pahlavi ne sont d'ailleurs pas monarchistes. Une part non négligeable d'entre eux, même à l'intérieur du pays, serait plus en accord avec une république. Pahlavi n'a de cesse de dire que son seul rôle doit être de mener notre pays à une véritable démocratie, dans laquelle les libertés de tous seraient assurées. Et ses principes sont ceux de la majorité des Iraniens : liberté, respect des droits humains, abolition de la peine de mort, laïcité, égalité des droits, quels que soient le sexe, l'ethnie ou la religion, et intégrité territoriale. Il a su être critique à l'égard de certaines méthodes de son père et au fait qu'il ne laissait pas assez de place au dialogue. Il a dénoncé certains agissements de la Savak et rappelé que les ennemis de l'Iran étaient nombreux. Il a aussi reproché à son père de n'avoir pas pris assez de temps pour expliquer aux gens ce qu'il faisait et quelles étaient ses ambitions pour l'Iran, conduisant à ce qu'une partie de la population ne réalise pas le développement incroyable de la nation et toutes les mesures révolutionnaires en droit des femmes, des minorités, des plus défavorisés qui étaient prises.

Chapitre 14

Mon combat

Mon seul objectif depuis plus de deux ans a toujours été et sera toujours d'être la voix de ceux qui risquent leur vie en Iran. Je me suis fait beaucoup d'ennemis puissants, parfois dangereux, en France. Que ce soit les moudjahedins-e-Khalq réfugiés en France, que je dénonce sans relâche du fait de leur idéologie marxiste et islamiste sectaire, et qui, d'ailleurs, ne sont bizarrement jamais dénoncés par les mêmes qui militent sans cesse contre Reza Pahlavi ; certains spécialistes franco-iraniens utilisant leur profession et leur position pour travestir la réalité afin de servir les intérêts du régime ou les « tchapis » ; et bien sûr, la République islamique et ses agents. Mais je continuerai à porter la parole de cette jeunesse courageuse, quelles que soient les campagnes de diffamation, de harcèlement ou de sabotage que ces gens mènent en coulisses pour me faire taire.

Récemment, un grand reporter m'a prévenue qu'une journaliste franco-iranienne très connue avait monté un dossier contre moi, qu'elle tentait désespérément de donner à des confrères pour qu'ils le publient. Cette journaliste violait plusieurs principes déontologiques, notamment celui de m'interroger pour que je puisse répondre aux accusations qu'elle me porte et dont j'ignore tout.

J'aurais pu rendre l'affaire publique, prévenir son journal, ou même lui envoyer un courrier d'avocat, mais j'ai décidé de laisser passer cette énième attaque. Premièrement, parce que je n'ai rien à cacher ; et deuxièmement, parce que les voir, tous, s'agiter comme des cafards aspergés de Baygon montre que je suis sur la bonne voie, que je les gêne et que je suis devenue un bâton dans les roues de leur propagande bien huilée.

Ma meilleure arme est la confiance que m'accordent la diaspora, les familles de victimes ou les jeunes qui étaient dans la rue et avec lesquels j'ai des contacts réguliers, mais également tous les gens qui me suivent et me soutiennent en France, et qui ont permis, grâce au partage de mes contenus, de diffuser la vérité que le régime, les moudjahedins et les « tchapis » se donnent tant de mal à vouloir cacher.

Je ne pourrai jamais convaincre certains Iraniens en exil de l'importance de faire passer leurs désirs après la volonté de ceux qui ont souffert durant des décennies entre les mains du régime. Ces gens ont déjà sacrifié notre histoire, notre culture et même notre drapeau sur l'autel de leur idéologie. Mais je peux appeler la communauté internationale à entendre, enfin, la voix de mon peuple, à cesser de se maintenir dans les erreurs de 1979 et à réaliser qu'elle a face à elle un choix évident : soutenir un peuple ami, qui partage absolument toutes ses valeurs universalistes, laïques et humanistes, ou continuer à négocier et à faire preuve de complaisance envers l'un des pires régimes de l'histoire moderne, ennemi de l'Occident.

Mon peuple est éclairé, éduqué et très lucide. Il est temps de lui accorder la souveraineté. Il est temps de lui accorder le libre arbitre. Nous demandons un soutien à notre cause, pas des leçons sur ce qu'on estime être le mieux pour nous.

Le refus d'accepter nos choix, y compris celui d'être représenté par Reza Pahlavi, fait perdre un temps considérable à notre révolution et fait perdre l'espoir, au sein de la population, de voir un jour le monde l'accompagner vers la lumière.

De plus, ce déni de la réalité permet à la République islamique de faire émerger de faux opposants et leaders pour continuer à tromper l'opinion publique internationale. Ainsi, alors que nous nous battons pour la libération de nos prisonniers politiques qui sont torturés, coupés de tout contact extérieur, privés de soins médicaux, nous voyons certaines « figures » s'entretenir librement avec des médias étrangers, faire la couverture de magazines de mode, parler à des stars hollywoodiennes ou faire des live avec des élus occidentaux.

Envoyer une seule vidéo à un média étranger ou accorder une seule interview entraîne l'arrestation et souvent des peines de plusieurs décennies, voire une condamnation à mort pour collusion avec l'ennemi. Pour exemple, Fatemeh Sepehri, qui est l'une des prisonnières politiques les plus connues et les plus respectées, a été condamnée à dix-huit ans de prison supplémentaires pour une très courte vidéo publiée sur les réseaux sociaux dans laquelle elle condamnait les attaques du Hamas. Alors, comment d'autres peuvent-ils accorder des interviews, écrire des livres, communiquer avec des journalistes et des politiques, tout en étant « prisonniers politiques », sans jamais écoper d'une condamnation supplémentaire ? Pire même, en se voyant accorder des congés médicaux leur permettant de sortir des geôles du régime et ainsi de continuer leurs activités encore plus librement ?

La naïveté à laquelle on assiste parfois en Occident est une source de frustration énorme pour les Iraniens qui, en grande majorité, voient très clair dans les tentatives désespérées du régime de créer de faux leaders pour saboter les aspirations du peuple. Il est très difficile de les dénoncer ouvertement sans être attaqué par les agents d'influence qui nous dépeignent comme des extrémistes pour étouffer nos voix.

Il est grand temps pour le monde libre d'accepter qu'à l'instar de la gauche iranienne, il a été dupé et s'est rendu complice de l'avènement d'un des pires régimes islamiques et terroristes de l'histoire. Il est temps de faire confiance au peuple iranien et de respecter sa souveraineté.

L'Iran ne sera jamais ni l'Afghanistan, ni l'Irak ni même la Syrie si la communauté internationale écoute la voix du peuple et qu'elle ne fait pas ingérence pour créer une fausse opposition ou soutenir une infime minorité séparatiste.

Les Iraniens sont clairvoyants, éduqués, laïques et éveillés. Ils savent ce qu'ils veulent et la grande majorité d'entre eux a choisi son leader pour les mener à la démocratie. Ayons foi en eux, ils le méritent.

Chapitre 15

L'Occident suit-il le même chemin que l'Iran de 1979 ?

Un jour, une Iranienne m'a écrit depuis l'Iran : « Pourquoi prends-tu autant de temps dans ce combat à dénoncer ce parti que tu appelles LFI ou je-ne-sais-pas-quoi ? Si les Français ne veulent pas comprendre les dangers de l'islamisme, ce n'est pas à toi de le faire. Après tout, c'est un retour de boomerang du cancer que leur avion Air France a apporté chez nous en 1979. Des centaines de milliers de personnes sont mortes dans notre pays, et en plus, ils continuent à faire affaire avec le régime. Laisse-les goûter aussi aux joies de l'islam, peut-être qu'après ça ils comprendront notre combat. »

J'avoue que c'était la première fois que je recevais un tel message et qu'il m'a fortement déplu.

Je me revois lui laisser des notes vocales sur Instagram à 3 heures du matin pour lui expliquer.

Je lui ai rappelé que les prises de position de Giscard, de Carter, des intellectuels de gauche de l'époque ou même des étudiants marxistes français de la fin des années 1970 ne devaient pas nous faire oublier que nous étions les premiers responsables de notre malheur. Que c'est bien une part importante des Iraniens qui s'est laissé endoctriner par les marxistes, les communistes et les islamistes dans notre propre pays. Que même si nous n'avions pas le même savoir ni le même accès à l'information qu'aujourd'hui, une partie de notre peuple a bel et bien trahi les intérêts de la nation en soutenant le départ du shah et l'avènement de Khomeini.

Je lui ai également expliqué que je suis arrivée en France alors que j'étais encore bébé, que ce pays m'avait offert la possibilité de grandir dans un pays libre et démocratique, et qu'il était ma patrie d'adoption et que je l'aimais. Que lorsque je vois le danger que représente ce parti politique, mais aussi le militantisme d'ultra-gauche et l'islamisme, je ne peux rester silencieuse et prétendre que cela ne me rappelle pas ce qu'il s'est passé dans mon pays natal. Je ne sais pas si elle a compris ce qui me motivait, car, pour elle, il fallait être un peu fou pour vivre dans un pays libre et laïc, et fricoter avec l'islamisme.

Je ne manque jamais une occasion de dénoncer les prises de position, les compromissions, l'hypocrisie ou les alliances de la France insoumise, parce que je vois clair dans sa stratégie électorale.

La bascule stratégique a eu lieu à la dernière élection présidentielle. Mélenchon a surpris tout le monde. Personne ne s'attendait à un score aussi élevé, lui le premier. Voyant qu'il lui avait manqué quelques centaines de milliers de voix pour être au second tour, il a mis en place une nouvelle stratégie : aller chercher le vote des banlieues. Élargir son électorat et pousser ceux qui ne votent pas par manque de représentativité à se rendre aux urnes pour la France insoumise.

Je ris jaune quand je repense au Mélenchon laïc et anticlérical qui ne mâchait pas ses mots sur le voile, sur l'islamisme, et qui affirmait d'ailleurs sans hésitation que l'islamophobie n'existait pas. Je repense à un post du *Point*, reprenant certains de ses propos. Ces mots montraient bien toute l'hypocrisie du leader de LFI qui allait draguer l'électorat musulman des « quartiers ». Petit florilège avant qu'il ne vende sa dignité à l'islam politique : « On ne prie pas dans la rue, point », « C'est une erreur totale de confondre le racisme et l'islamophobie, de qualifier l'islamophobie de racisme », « Je ne vois pas où Dieu s'intéresserait à un chiffon sur la tête », « Charlie vivra, le délit de blasphème sera abrogé dans la France concordataire », « Je doute que le prophète ait jamais donné la moindre consigne concernant les bains de mer. L'instrumentalisation communautariste du corps des femmes est odieuse. »

Aujourd'hui, ce même personnage et ses brigades d'élus et de partisans fanatisés crient à l'islamophobie pour tout et pour rien, jusqu'à coller parfois des cibles dans le dos de ceux qui défendraient la laïcité et vont même jusqu'à fricoter avec ce que l'islamisme fait de pire. Ainsi, on les voit défiler aux côtés de figures controversées, telles qu'Elias d'Imzalène, comme le 8 septembre 2024 à Paris, avec les élus LFI Rima Hassan et Thomas Portes. Elias d'Imzalène ayant été condamné pour provocation publique à la haine et à la violence, fiché S et partisan d'un islam politique et communautaire. Leur complaisance a été très loin à l'égard de ce sombre individu. La députée LFI Ersilia Soudais l'a même défendu sur les réseaux sociaux, appelant à sa libération aux côtés de son avocate. Elle écrivait ainsi sur Twitter le 24 septembre 2024 : « J'ai exercé aujourd'hui mon droit de visite au comissariat du 17e arrondissement, où @imzalene est retenu en garde à vue. Ce sont les soutiens du génocide perpétré par Israël qui devraient être derrière les barreaux ! »

LFI a même défilé avec le Collectif contre l'islamophobie en France (CCIF), association liée aux Frères musulmans et dissoute par le ministre de l'Intérieur Gérald Darmanin. Cette décision avait d'ailleurs été confirmée par le Conseil d'État à la suite de l'assassinat de Samuel Paty. Mélenchon et son équipe ont défilé aux côtés de ces faiseurs de haine alors même que ces derniers scandaient « Allah Akbar » pendant la manifestation du 10 novembre 2019.

LFI n'a eu de cesse d'adopter des positions antirépublicaines et extrêmes, poussant au communautarisme et à la division au sein de la société. Son rapprochement avec le Parti des indigènes de la République (PIR) en est une autre preuve, un mouvement fondé par la très controversée Houria Bouteldja. Le 29 décembre 2020, le journal *Marianne* écrivait : « Houria Bouteldja, la fondatrice du Parti des indigènes de la République, refait parler d'elle après avoir écrit un article contre Miss Provence tellement raciste que *Mediapart* a dû se résoudre à le dépublier. » Pour rappel, le père de Miss Provence est israélien et Bouteldja avait écrit dans son article : « On ne peut pas être Israélien innocemment » entre autres joyeusetés. Donnant ainsi un permis d'insulter, de diffamer et de harceler la toute jeune miss avec pour unique crime d'avoir un parent israélien.

La même Bouteldja, qui au moment même où des milliers d'Israéliens se faisaient violer, brûler, massacrer le 7-Octobre tweetait : « Attaque sans précédent de la résistance palestinienne contre

Israël. Plusieurs milliers de roquettes lancées à partir de Gaza. De nombreux combattants infiltrés. Un énorme camouflet pour les services israéliens. »

Le PIR avait même poussé l'horreur jusqu'à poster un message de soutien au Hamas au lendemain de l'attaque terroriste du 7-Octobre. Ainsi, dans un article du *Figaro* du 9 octobre 2023, Paul Sugy écrivait : « Dimanche, le Parti des indigènes a publié sur Twitter : "Que la Résistance palestinienne qui mène son action avec détermination et confiance dans des conditions héroïques reçoive en ces heures terribles toute notre fraternité militante. La Palestine vaincra, et sa Victoire sera la nôtre." » Ce message était accompagné d'un dessin de combattants du Hamas s'introduisant sur le territoire israélien en ULM. Le tweet a été rapidement supprimé mais le ministère de l'Intérieur a saisi la justice par le biais d'un article 40 du Code de procédure pour « apologie du terrorisme », après cette publication et celles d'autres collectifs propalestiniens.

Dans les manifestations, certains n'hésitent pas à scander à la gloire de la « résistance palestinienne, libanaise et yéménite ». Comprenez : le Hamas, le Jihad islamique palestinien, le Hezbollah et les Houthis, tous classés comme organisations terroristes. Il en est de même avec Urgence Palestine, qui ne cesse de multiplier les appels à l'intifada dans notre pays et de montrer un soutien sans faille au Hamas. Ce qui n'empêche nullement de nombreux élus LFI de défiler avec eux.

LFI et les « indigénistes » partagent une lutte commune contre notre universalisme républicain, qu'ils considèrent comme une supercherie pour faire perdurer une société raciste et discriminante, poussant toujours plus à une scission et à un repli sur soi communautaire. Mélenchon a nié les liens entre son parti et le PIR, mais les positions de son élue Danièle Obono étaient claires.

Je me souviens d'ailleurs très bien de la fois où j'ai interpellé Danièle Obono, en juin 2024, sur Twitter, pour dénoncer l'organisation d'un colloque à l'Assemblée nationale durant lequel son invité, le député suédois Momodou Jallow, avait osé comparer le principe de la laïcité en France à ce que les femmes iraniennes et afghanes subissent des mains de l'islamisme, avec une *standing ovation* de la honte dans la salle. Cette même Obono avait qualifié le Hamas de mouvement de résistance, le 17 octobre 2023 au micro de Jean-Jacques Bourdin sur Sud radio. Le journaliste lui demande si le Hamas, qui a conduit les massacres en Israël le 7 octobre, est « un mouvement de résistance », la membre de la direction de LFI répond alors : « Oui. » « C'est un mouvement de résistance qui se définit comme tel ». Reprenant les éléments de langage des islamistes en France, mais aussi la rhétorique de la République islamique. Elle avait immédiatement bloqué notre compte pour ne pas avoir à nous répondre. Ce que feront également Aymeric Caron, Rima Hassan ou encore Manuel Bompard. Ils ne sont pas très courageux chez LFI quand il s'agit de répondre à des données factuelles !

Il ne s'agit pas ici de dénoncer les luttes antiracistes. Je suis moi-même d'origine iranienne et mon conjoint est franco-ivoirien. Le racisme, je l'ai vu de mes propres yeux et parfois même vécu personnellement, et je n'ai de cesse de le dénoncer. Je dénonce tous les extrémismes, qu'ils soient de gauche ou de droite. Mais force est de constater que l'extrémisme de gauche passe hors des radars de notre société et provoque des dégâts considérables au sein de la République sans que le danger qu'il représente soit évalué correctement. L'alliance même du NFP est la preuve flagrante que la gauche ne réalise pas qu'elle est devenue, pour une part, la complice passive des pires idéologies, que ce soit le communautarisme, l'islamisme, l'antisémitisme ou l'indigénisme.

Cette dernière idéologie n'est pas une lutte contre le racisme, mais une lutte contre le vivre-ensemble. Les positions adoptées par LFI à longueur de Tweet rejoignent ce courant de pensée qui accuse la laïcité, la cohésion nationale et même l'identité nationale d'être des outils de domination blanche sur les minorités. Mélenchon, par ses prises de position, a totalement embrassé cette idéologie destructrice pour notre société souffrant déjà de polarisation.

Comme le révélait Yves Mamou, ancien journaliste du *Monde*, du *Canard enchaîné*, de *Libération* et de *La Tribune*, dans un article publié dans *Le Figaro* du 30 novembre 2018, Mélenchon, sous l'influence des indigénistes, s'est débarrassé des militants et cadres laïques du parti.

> « À la fin du mois de novembre, le groupe d'appui parisien "JR Hébert" de la France insoumise, très engagé dans la défense de la laïcité, a ainsi [...] disparu sans explication de la plateforme numérique du mouvement de Jean-Luc Mélenchon. Il semble que la volonté du groupe d'appui JR Hébert d'organiser un débat sur "l'entrisme islamiste" dans le mouvement syndical soit la cause de cette éradication. Presque simultanément, Djordje Kuzmanovic, qui était conseiller aux affaires internationales de Jean-Luc Mélenchon, a été exclu de la liste des Insoumis pour les élections européennes [...], mais la primauté de la "victime" au sein de LFI a amené le mouvement à ne s'appuyer, parmi les classes populaires, que sur "les quartiers", ce qui a "amené la FI à laisser s'installer une approche quasi communautariste [...] profondément contraire au républicanisme français".

La complaisance des segments gauchistes de la FI à l'égard des thèses indigénistes, le mépris affiché pour les forces de l'ordre, la négation du problème posé par l'islamisme et le refus de regarder en face les défis posés par l'immigration ont produit des ravages dans notre électorat potentiel, faisant apparaître la FI comme la vieille gauche à peine repeinte, coupable du même angélisme, incapable de réalisme et de fermeté. »

Yves Mamou dénonçait par ailleurs en 2018 une pétition signée par quatre-vingts intellectuels dans *Le Point*[1] :

« Ceci a aussi récemment mis en lumière le caractère invasif du mouvement indigéniste jusque "dans les plus prestigieux établissements universitaires, salles de spectacle et musées", bien au-delà de la France insoumise et des groupuscules d'extrême gauche. "Tout en se présentant comme progressistes (antiracistes, décolonisateurs, féministes...), ces mouvances (indigénistes) se livrent depuis plusieurs années à un détournement des combats pour l'émanci-

1. « Le "décolonialisme", une stratégie hégémonique : l'appel de quatre-vingts intellectuels », *Le Point*, 29 novembre 2018.

pation individuelle et la liberté, au profit d'objectifs qui leur sont opposés et qui attaquent frontalement l'universalisme républicain : racialisme, différentialisme, ségrégationnisme (selon la couleur de la peau, le sexe, la pratique religieuse). Ils vont ainsi jusqu'à invoquer le féminisme pour légitimer le port du voile, la laïcité pour légitimer leurs revendications religieuses et l'universalisme pour légitimer le communautarisme", disent les intellectuels signataires. »

Cette ligne idéologique portée par LFI détruit profondément notre société de l'intérieur. Elle explique parfaitement le manque de soutien des féministes à la lutte des femmes iraniennes. Nous ne rentrons pas dans le moule victimaire qu'elles ont défini pour les femmes « racisées ». Pire, nous nous battons contre l'islamisme et pour une laïcité très stricte. De quoi faire buguer leur logiciel militant intersectionnel.

Je voyais bien cette dérive quasi sectaire du parti, mais le point de non-recul qui m'a décidée à attaquer de front a été le 7 octobre 2023, l'attaque barbare du Hamas et le début de la guerre entre Israël, d'un côté, et le Hamas, le Hezbollah, la République islamique et les Houthis de l'autre. LFI a alors totalement basculé.

Ils ont vu dans ce conflit terrible une occasion d'exacerber les tensions, de pousser le communautarisme et de se présenter comme les seuls partisans de la cause palestinienne. Allant jusqu'à prendre des positions scandaleuses, déclenchant de nombreuses plaintes pour apologie du terrorisme contre leurs députés (une plainte classée sans suite pour Mathilde Panot), avec un triste record pour Rima Hassan – plusieurs plaintes en cours –, devenue en quelques mois la coqueluche de Mélenchon qui a senti en elle le potentiel pour radicaliser et faire monter l'entrisme. La jeune recrue n'hésite pas à jouer sur les leviers de la colonisation, de la lutte anti-impérialiste, sur l'islamophobie et la haine de la République du nouvel électorat visé. Qui de mieux qu'une réfugiée palestinienne pour galvaniser les foules radicalisées et appeler au « soulèvement » dans un Tweet le 26 avril 2024 ?

Tous les Franco-Iraniens ont perçu très rapidement le danger. Tous, sauf nos « tchapis », qui s'associent désormais à LFI, ici même, en France, en les invitant à défiler à leurs côtés ou en leur permettant de récupérer notre cause, comme lors de la conférence de Mathilde Panot, le 5 novembre 2024, appelant à manifester pour Ahou Daryaei. Cette jeune étudiante avait été arrêtée pour s'être promenée, en sous-vêtements, devant son université, en signe de protestation après avoir été agressée par la police des mœurs pour ne pas avoir porté le hidjab. Cette manifestation était organisée par les associations dites de gauche iranienne.

LFI n'est pas la bienvenue dans nos rassemblements et dans nos manifestations, car ceux qui sont devenus les complices de la montée de l'intégrisme et du communautarisme, qui ne peuvent pas clairement désigner le Hamas comme terroriste, et qui ont des positions plus qu'ambiguës dès que le Hezbollah ou la République islamique sont attaqués ne seront jamais nos alliés. Malheureusement, certains militants iraniens leur servent de caution humaniste.

Tout ceci a comme un air de « déjà-vu », rappelant les événements de 1979. La dangereuse convergence des luttes des islamistes, des musulmans conservateurs, des anarchistes, des marxistes et des indigénistes. Une pseudo-lutte anti-impérialiste et anticoloniale qui, en réalité, est une lutte pour le pouvoir, et pour laquelle les différents protagonistes finiront, inéluctablement, par se détruire entre eux. Et ce, pour que n'émerge qu'un seul vainqueur du chaos dans lequel ils espèrent plonger notre pays.

Peut-être LFI devrait-elle revoir l'histoire de l'Iran pour comprendre comment les choses se terminent lorsqu'on perd face aux islamistes auxquels on s'est allié au détriment des intérêts nationaux.

Je ne suis ni complotiste ni adepte de la théorie du grand remplacement, mais il serait très naïf de penser qu'une infime minorité ne peut pas détruire une société. Et lorsque je vois la timidité dont on fait preuve pour dénoncer la montée de l'entrisme et la radicalisation dans les banlieues, de peur d'être étiqueté comme facho, je crains que notre réveil soit trop tardif.

Les mêmes qui se targuent de lutter contre toutes les formes de discrimination sont devenus le moteur de l'antisémitisme dans notre pays. Quatre-vingt-douze pour cent de nos concitoyens de confession juive estiment que LFI contribue à faire monter la haine du juif en France[1], des accusations que Mélenchon et ses sbires rejettent sans la moindre remise en question, continuant avec l'éternel « Nous n'avons pas été condamnés, donc nous sommes innocents ». Les mêmes qui collent des étiquettes de nazis, de fascistes, de soutiens génocidaires et de racistes à tout bout de champ, sans aucune décision de justice, et qui prétendent que la parole des minorités doit être crue quand elles dénoncent la stigmatisation, se retrouvent à expliquer aux juifs qu'ils mentent et qu'ils instrumentalisent la haine dont ils sont victimes.

1. Selon une enquête IFOP révélée par *Le Point* le 7 juin 2024.

Les Français de confession juive ne sont pas seuls à pointer du doigt le rôle destructeur de l'idéologie prônée par LFI dans la montée de l'antisémitisme, comme l'a révélé *Le Figaro* dans un article du 22 novembre 2024. Cet avis est partagé par 76 % des Français. Et, point assez notable, cet avis est également partagé par 83 % des sympathisants socialistes et 72 % des sympathisants écologistes. Et pourtant, les scandales à répétition et les sorties de route inexcusables des lfistes n'ont jamais été une ligne rouge ni pour Olivier Faure ni pour Marine Tondelier, lesquels, par leur complaisance et leur refus de mettre fin à l'union du déshonneur, sont devenus leurs complices idéologiques.

À l'instar de la gauche iranienne de 1979, une partie de la gauche française, portée par LFI, espère une révolution, le chaos et la division pour avoir une chance de régner. Elle ne réalise pas que son gourou, grand fan de Chávez et Maduro, est de plus en plus isolé et qu'une grande partie de la population le voit désormais comme un leader politique ne faisant plus partie de l'arc républicain. C'est un véritable repoussoir pour une grande partie des Français.

La République islamique et ses proxys terroristes ont utilisé la cause palestinienne comme cheval de Troie de l'islamisme en Occident pour réveiller la rue avec des revendications toujours plus extrêmes. Et LFI en est devenue le mégaphone. Plus d'un électeur LFI sur quatre éprouve même de la sympathie pour le Hamas[1]. C'est dire le niveau d'endoctrinement au sein de son électorat.

N'ayez aucun doute sur le fait que la cause palestinienne n'est qu'une manifestation de l'opportunisme de Mélenchon pour amener à lui l'électorat musulman, et qui ne se préoccupe d'aucun conflit au Proche et au Moyen-Orient, ni nulle part ailleurs, du reste, sauf celui-ci.

N'oubliez jamais que Mélenchon a pris bec et ongles la défense de Bachar al-Assad, qui a massacré son peuple, faisant plus de 500 000 victimes, dont des milliers de Palestiniens, allant jusqu'à justifier les bombardements syriens et russes. Il s'en est défendu depuis, mais le 20 octobre 2015, dans l'émission *Preuves par 3*, présentée par Michel Grossiord et Perrine Tarneaud sur Public Sénat, il allait même jusqu'à remettre en cause la fiabilité des informations concernant le massacre de populations civiles. « Si c'est une ONG [qui le dit], doit-on [la] croire pour autant ? [...] Pourquoi pas me croire, moi ? J'ai au moins d'aussi bonnes informations. Croyez-moi ! »

Le leader des Insoumis poursuit en expliquant qu'aucune guerre n'est propre, et que les civils

1. Selon un sondage Ipsos de novembre 2023.

sont toujours en première ligne : « Vous connaissez une guerre où on bombarde et où les civils ne reçoivent pas de bombes ? Cela n'existe pas ! » Cinq cent mille morts, et il parle de dommages collatéraux inévitables. Vingt à trente mille morts civiles à Gaza, en zone urbaine dense, et il hurle au génocide.

Mélenchon ne s'est pas contenté de défendre Assad, il voue un véritable culte aux dictateurs vénézuéliens. Chávez puis Maduro sont ses exemples de gouvernance. Selon moi, il ne condamne d'ailleurs pas franchement leurs exactions sur le peuple vénézuélien, dont il ne défend pas les aspirations à se défaire de ce régime totalitaire. Le communisme avant tout, camarade, et au diable le peuple ! En témoigne son silence assourdissant lors des dernières élections présidentielles au Venezuela, même lorsque Maduro n'a pas hésité à réprimer son peuple dans le sang. Des centaines de personnes l'interpellent sur Twitter pour lui demander quand il va enfin condamner la dictature vénézuélienne. En vain.

Ses positions sur la Chine ne sont guère plus nobles. Que ce soit sur le Tibet ou les Ouïghours, Mélenchon se montre fidèle à la dictature communiste chinoise, qui le remercie même publiquement en 2022, par le biais de son ambassadeur en France, comme l'a révélé un excellent article de *L'Express* du 5 août 2022 : « Taïwan, les Ouïghours, le Tibet… Mélenchon, ses (nombreuses) ambivalences avec la Chine. Décryptage. Depuis 2008, le leader des Insoumis semble aligné sur le discours du régime chinois. Une position qu'il maintient, même si elle va à l'encontre de la classe politique française. »

Il est également régulièrement dénoncé par Dilnur Reyhan, pourtant militante de gauche. La présidente de l'Institut ouïghour d'Europe écrivait ainsi le 6 juin 2024, sur son compte Instagram :

> « Je suis ouïghoure et je veux poser une question aux anticolonialistes, aux féministes et aux humanistes qui affichent leur soutien à la France insoumise : nos vies valent-elles quelque chose à vos yeux ?
>
> Vous hiérarchisez les victimes, vous n'avez aucune conviction sincère, aucun principe, et vous choisissez les victimes qui conviennent à vos intérêts du moment. Cela prouve que le génocide des Ouïghours et la mise en camps de millions de personnes ne comptent pas pour vous. Que le viol, la stérilisation massive de femmes ouïghoures ne comptent pas.
>
> Avez-vous oublié que Jean-Luc Mélenchon est un ennemi de la cause ouïghoure depuis le premier jour ? C'est lui qui a assimilé tout mon peuple à des "terroristes" et à des "islamistes".

C'est lui qui s'est opposé à la reconnaissance du génocide ouïghour avec un argument pathétique et mensonger. [Elle y cite un extrait d'article prouvant ses accusations.]

La France insoumise est le seul groupe à s'être abstenu en bloc lors du vote sur le génocide des Ouïghours. Mélenchon s'oppose à des sanctions contre le régime chinois, qu'il considère comme un "partenaire".

Vous allez récompenser cela par votre vote ? Vous allez cautionner cette hypocrisie de LFI ?... J'ai honte. Tellement, tellement honte. »

A contrario, Mélenchon soutient le Front Polisario sur la question du Sahara occidental, reconnu comme marocain par la France.

Concernant le conflit entre le Hamas et Israël, il n'a de cesse d'adopter, avec son groupe, des positions très ambiguës de soutien indirect au Hamas, au Hezbollah et à la République islamique en Iran. Il a ainsi toujours refusé de reconnaître le Hamas comme une organisation terroriste et a préféré parler « d'une opération de guerre », et non d'une attaque terroriste, lors d'un discours prononcé quatre jours après l'horreur. Mélenchon inverse même les faits pour servir son électorat. Ainsi, le 1er octobre 2024, il écrit sur Twitter : « Après le Liban et le Yémen, Netanyahu entre en guerre contre l'Iran… Netanyahu plonge toute la région dans la guerre totale. »

Stupeur dans la diaspora iranienne. Khamenei et ses proxys terroristes ont attaqué Israël sur sept fronts différents, allant même jusqu'à envoyer des centaines de missiles sur Tel-Aviv directement depuis Téhéran et soumettant la population au danger des représailles. Plutôt que de dénoncer les organisations terroristes qui cherchent la guerre en attaquant Israël, Mélenchon joue le jeu des ayatollahs en les plaçant en victimes. Il ne sert les intérêts d'aucun des peuples qu'il prétend défendre en innocentant les faiseurs de chaos islamistes.

Il pousse même l'ignominie en affirmant, le 3 octobre 2024, que l'élimination de Nasrallah, leader du Hezbollah, est un crime, lui qui était – quoi qu'il s'en défende aujourd'hui – un soutien politique de Bachar, à une époque où il massacrait des centaines de milliers de Syriens avec l'aide de Nasrallah et de Khamenei.

La Dépêche écrit à ce sujet, le 31 janvier 2025 :

> « Refus de qualifier le Hamas de terroriste, propos polémiques… le leader de la France insoumise Jean-Luc Mélenchon est-il en train de payer cher son positionnement ambigu sur la situation au Proche-Orient ? C'est en tout cas ce qu'il ressort de la dernière enquête Ipsos-*Le Point*. Depuis le début du conflit entre le Hamas

et Israël, le positionnement radical du chef de file de la France insoumise, Jean-Luc Mélenchon, ne cesse de diviser. Une posture clivante, à des fins clientélistes selon certains, qui coûte cher au leader insoumis. Selon le baromètre Ipsos-*Le Point*, Jean-Luc Mélenchon dégringole dans les sondages. Selon le baromètre, Jean-Luc Mélenchon perd encore cinq points (17 %) dans le classement général réalisé par *Le Point* et prend trois points supplémentaires d'opinions défavorables (73 %). »

Le leader des Insoumis, que ses soutiens rêvent en despote communiste, n'a jamais brillé par ses positions géopolitiques et humanistes. Lui qui adore hurler « que la politique internationale de la France insoumise sauverait le monde » est souvent la risée des spécialistes et des experts. J'avoue avoir moi-même ri plus d'une fois en lisant ses Tweet d'ado colérique sur des sujets qui le dépassent totalement, me demandant si c'était intentionnel pour continuer à draguer la cible ou s'il n'y comprenait vraiment rien.

Une chose est sûre, le mot d'ordre est clair dans ses rangs : aller chercher le vote des banlieues quoi qu'il en coûte. On a ainsi vu les députés « stars » LFI devenir de vrais influenceurs, passant leur temps à tweeter sur le conflit opposant le Hamas à Israël, en oubliant même, pour certains, qu'ils étaient avant tout des élus de la République et pas des supplétifs d'Abou Obeida (le porte-parole du Hamas).

LFI a très bien compris comment racoler. Une dose de haine de la République ; une dose de complotisme sur un lobby sioniste prétendument allié des médias ; une pincée de haine envers les forces de l'ordre ; beaucoup de rappels à la colonisation ; une obsession quasi maladive d'Israël ; une complicité idéologique active avec le frérisme, l'indigénisme et l'islamisme ; une remise en question des institutions et de la laïcité ; et enfin, un discours permanent pour cliver la société.

Le parti s'est tellement radicalisé que des soutiens historiques du Front national sont désormais des soutiens de LFI. Ainsi, *L'Express* titrait le 29 octobre 2023 : « Alain Soral, *Rivarol*… les nouveaux soutiens de la France insoumise. » En effet, le journal antisémite d'extrême droite *Rivarol* a titré « Mélenchon diabolisé comme l'était hier Le Pen » dans un article du 25 novembre 2023.

Les Tweet du GUD (Groupe union défense, organisation étudiante d'extrême-droite dissoute le 26 juin 2024) et ceux de LFI sont des copiés-collés : la même haine des « sionistes » (nouveau mot pour éviter de dire « juif » et prétendre ne pas être rongé par l'antisémitisme) ; une volonté d'appeler des organisations terroristes, comme le Hamas, le Hezbollah ou les Houthis, des « résistants » ; une haine assumée de la police avec des « ACAB » en signature de Tweet (« All Cops Are Bastards »).

Le 3 janvier 2023, le GUD Paris écrivait : « […] La résistance palestinienne brûle un poste de la police d'occupation dans la banlieue de Jérusalem. Jérusalem est la capitale de la Palestine. ACAB ! » Ou encore le 7 octobre, jour des attaques : « Ni kippa ni kippa » pour saluer le massacre de 1 200 civils en Israël organisé par Ismaël Haniyeh, leader terroriste du Hamas. Ce même Ismaël Haniyeh pour lequel Sophia Chikirou, très proche de Mélenchon et députée LFI, poste un hommage au moment de son élimination, hommage qui a d'ailleurs été partagé depuis le compte d'Urgence Palestine.

LFI et le GUD ont décidément beaucoup en commun dans leur idéologie « antisioniste », pour ne pas dire antisémite, et leur obsession d'Israël.

Aucun de ces soutiens douteux n'a eu pour effet la moindre remise en question au sein du parti. La preuve, s'il en fallait une, que Mélenchon et sa clique savent parfaitement ce qu'ils font et la cible qu'ils souhaitent atteindre.

Même la traduction de leurs discours par le traducteur personnel de Khamenei, la diffusion de leurs actions par la République islamique ou encore le communiqué de félicitations du FPLP pour leurs résultats aux législatives ne leur ont pas mis la puce à l'oreille quant à leur égarement idéologique.

Il faut dire que la présence de Rima Hassan à une conférence aux côtés de membres du FPLP et du Hamas à Tunis le 10 mai 2024, à une manifestation à la gloire de Haniyeh en Jordanie le 16 août 2024, deux semaines après son élimination à Téhéran, ou encore ses interviews dans le média Al Mayadeen, affilié au Hezbollah, ne laissent que peu de doute sur l'idéologie portée par la France insoumise. La chaîne Al Alam, créée par la République islamique, a même salué l'élection au Parlement européen de la nouvelle coqueluche de Mélenchon.

LFI a donc réussi à récupérer certains antisémites d'extrême droite et a le soutien massif des antisémites islamiques. Un véritable strike !

Même si la grande majorité des Français est totalement consciente des dérives du parti et voit clair dans le jeu dangereux auquel se livre le leader populiste, force est de constater que leur pouvoir de nuisance n'en reste pas moins considérable.

Les blessures profondes que les lfistes infligent au vivre-ensemble seront difficilement soignables. Eux qui prétendent lutter pour les minorités sont en réalité en train de les isoler dans des manipulations intellectuelles racistes et suprémacistes. Ils ont assigné les enfants issus de l'immigration à n'être que des victimes d'une société qui, prétendument, les détesterait, et dans laquelle leur seule chance serait d'adhérer à un parti qui voit en eux une masse électorale manipulable et docile. Ils ont normalisé le soutien à des organisations terroristes et mené campagne pour leur faire croire que les « sionistes » dirigent la France et le monde, que tout est fait pour les stigmatiser, pour les persécuter, voire pour les éliminer. Ils veulent faire croire à leur électorat que 0,70 % de la population française, de confession juive, contrôle le pays. Que 0,2 % de la population mondiale, de confession juive, dirige le monde.

Ce complotisme antisémite est savamment distillé, comme le Tweet de Rima Hassan affirmant que le CRIF dirige la France (le 22 mai 2024, elle tweetait « à la demande du CRIF » accompagné d'une décision de Stéphane Séjourné) ; les attaques incessantes d'Aymeric Caron et d'autres ciblant les juifs en les désignant comme « soutien génocidaire » (contre Arthur, Raphaël Enthoven, Raphaël Glucksmann et même le collectif juif Golem, pourtant très à gauche, anticolonial et anti-Netanyahu) ; David Guiraud faisant référence aux « dragons célestes » (expression utilisée par les antisémites pour nommer les juifs), échappant ainsi aux restrictions des algorithmes, en novembre 2023, en réponse à une plainte d'une organisation juive pour des propos « haineux et antisémites » qu'il aurait tenus lors de la conférence de Tunis ; ou encore Thomas Portes, qui n'a pas hésité à dénoncer nommément un jeune Français de confession juive, l'accusant d'avoir torturé et commis des crimes à Gaza alors même qu'il n'y était jamais allé et se trouvait à Lyon, mettant sa vie en danger et contraignant l'État à le placer sous protection policière. Ce dernier a d'ailleurs déposé plainte pour « diffamation publique en raison de la religion par moyen de communication au public par voie électronique », « divulgation d'informations personnelles permettant d'identifier ou de localiser une personne et exposant à un risque direct d'atteinte à la personne ou aux biens » et « provocation publique à la haine ou à la violence en raison de la religion ». La plainte semble toujours en cours. Elle a été déposée en mars 2024 en même temps que la mise sous protection policière du jeune homme.

LFI peut compter sur tout un réseau militant très actif, qui attaque en meute, diffuse les mêmes messages de manière synchronisée afin d'en faire des tendances sur les réseaux, et utilise le *dog whistle* antisémite et islamiste à foison (l'art d'appeler à soi les gens partageant les mêmes idées sans jamais écrire ouvertement ce que l'on pense pour éviter ainsi d'être censuré, d'être accusé, ou même d'attirer l'attention du reste de la population).

L'idéologie de LFI a gangréné les universités, où le parti tient régulièrement des conférences pour endoctriner la jeunesse. Cette nouvelle génération d'élus issus des banlieues ou des minorités sert aussi d'hameçon. D'ailleurs, malheur aux députés ou aux personnalités d'origine maghrébine qui n'entreraient pas dans le moule LFI ! Ils sont doublement pris pour cibles. Ce fut le cas de Lamia El Aaraje, de Karim Bouamrane ou encore de Sophia Aram. Chez LFI, ils sont nombreux à ne pas supporter les « racisés » qui porteraient des valeurs républicaines et laïques.

Mélenchon a même réussi à convaincre son électorat que tout ce qui n'est pas LFI est d'extrême droite, fasciste et raciste. Les mots sont dévoyés, les accusations sévères, les attaques massives. Le totalitarisme idéologique du parti fait peur. Personne n'y échappe. Journalistes, activistes, humoristes, écrivains, politiques. La meute lfiste n'épargne personne.

Sa dernière prise de position sur l'arrestation de Boualem Sansal a marqué les esprits en France. Encore une fois, LFI a brillé par sa compromission envers un régime totalitaire. Sur les vingt-quatre députés européens indignes ayant voté contre la résolution exigeant la libération de l'écrivain de soixante-quinze ans atteint d'un cancer, on retrouve quatre députés LFI avec, bien sûr, Rima Hassan dans le lot (Anthony Smith, Arash Saeidi et Emma Fourreau sont les trois autres). Même Manon Aubry s'est abstenue. LFI ne vote pas dans les intérêts des Français et en accord avec nos valeurs républicaines. LFI vote pour séduire les minorités les plus radicalisées et haineuses de France.

Face à toutes leurs actions et face à la montée de l'entrisme dans notre pays, j'ai décidé de combattre les idées et les méthodes de Mélenchon et de ses apôtres autant que je le peux à ma petite échelle. LFI suit le même chemin que ceux qui ont détruit l'Iran il y a près de cinquante ans. LFI se croit plus maligne et plus habile que ceux qu'elle manipule. Mais le retour de bâton peut l'assommer violemment et entraîner la France dans un chaos sans précédent.

Si j'ai choisi de consacrer un chapitre entier à ce sujet, c'est parce que la situation est très inquiétante. J'ai vu le féminisme sombrer. J'ai vu la lutte contre les inégalités ou contre le racisme, les associations LGBTQ+, certains syndicats, même certains journalistes, experts, directeurs de recherche et diplomates se faire totalement happer par cette idéologie d'extrême gauche anti-occidentale et anti-impérialiste, qui n'est en réalité qu'un marchepied vers le totalitarisme et l'impérialisme islamique.

Nous sommes à un moment charnière de notre histoire. Avoir conscience des dangers qui guettent notre pays est une étape indispensable pour comprendre à quel point ce qui se passe actuellement au Proche et au Moyen-Orient va déterminer notre avenir à tous.

Si les Iraniens parviennent à renverser la République islamique, c'est toute la face du monde qui en sera changée. Un Iran libre et démocratique deviendra un partenaire privilégié pour l'Occident, un pays stabilisateur dans la région, un peuple laïque capable de montrer la voie de la paix avec Israël et celle de la laïcité à ses voisins. Un moteur idéologique pour mettre fin aux tentacules islamistes qui rongent la région et endoctrinent jusqu'en Occident.

L'islamisme a besoin de sang, de guerres, de martyrs, de jihad pour galvaniser les foules. Il a besoin de récits victimaires et de polarisation pour avancer. LFI et Ali Khamenei utilisent le malheur des Palestiniens afin d'aller chercher des votes pour la première et de s'assurer du soutien des musulmans du monde pour le second. Mettre fin aux cycles de violence, notamment des proxys terroristes du régime de Téhéran, couperait l'herbe sous le pied des prêcheurs de haine et des populistes.

LFI gangrène l'esprit des musulmans, des minorités et des jeunes. Il est temps d'agir pour s'y opposer et cesser de normaliser ce parti qui, à mes yeux, est sorti de l'arc républicain il y a bien longtemps.

Il faut dénoncer vigoureusement quiconque à gauche continuerait de faire alliance avec un parti qui a franchi toutes les lignes rouges. Il ne faut plus normaliser l'appel à barrage uniquement contre l'extrême droite. LFI est une véritable menace ignorée de beaucoup, ce qui la rend beaucoup plus dangereuse, car elle n'avance pas à visage découvert.

Lorsque je suis confrontée à des électeurs LFI, je me rends compte que la majorité d'entre eux ne voit que le programme économique et social du parti très alléchant sans être au courant de ses prises de position et de ses alliances beaucoup moins nobles. Ils me disent souvent : « Mais je ne comprends pas que tu les attaques autant. Ils sont pour les droits humains, contre le racisme et l'homophobie, ce sont les plus humanistes. »

Je me demande souvent comment les électeurs peuvent être aveuglés à ce point. Comment ne voient-ils pas tout ce que j'ai énoncé précédemment ? D'où leur vient cette faculté à fermer les yeux sur l'inadmissible pour « le bien de leurs idées révolutionnaires de justice sociale » ?

Cela me rappelle d'ailleurs une photo postée par Sébastien Delogu, député marseillais de la France insoumise, qui s'était fait connaître en brandissant un drapeau palestinien en plein hémicycle et en créant une scène de chaos à l'Assemblée nationale. Il y a quelques mois, il posait fièrement devant un drapeau LGBT pour montrer son soutien à la cause. Le pauvre bougre a été surpris par la déferlante de haine dans les commentaires. Je me revois, en pleine nuit, à rire des limites de la convergence des luttes. Je riais nerveusement, je dois bien l'avouer. Menaces de mort, insultes homophobes, propos virulents... Plus de 4 000 commentaires de haine, tous venant de la communauté musulmane. Et au milieu de ce torrent d'intolérance et d'homophobie, des personnes homosexuelles qui ne comprenaient pas pourquoi tant de haine. Je riais de leur naïveté. Ils découvraient que l'islamisme était une idéologie d'extrême droite violente et intolérante. Ils découvraient que l'islamisme leur réservait le même sort que celui des homosexuels dans la plupart des pays se réclamant de la religion musulmane (le châtiment pouvant aller de la prison jusqu'à la torture, voire la pendaison).

« Mais pourquoi ne nous acceptez-vous pas ? », « Comment des gens se disant eux-mêmes victimes de discrimination peuvent-ils être si intolérants envers une autre minorité ? », « J'ai défilé à vos côtés pour la Palestine tous les week-ends et en échange vous voulez me tuer ? », « Je découvre, horrifié, qu'une part de notre électorat estime que nous ne méritons pas de vivre ou que nous sommes atteints d'une maladie mentale », « Je suis choquée des commentaires des musulmans sous ce post, que de haine » pouvait-on ainsi lire sous la publication Instagram de Sébastien Delogu de personnes LGBTQ+ effarées… Heureusement, tous les musulmans ne sont pas homophobes, mais c'est la doctrine musulmane elle-même qui accepte mal l'homosexualité.

Eh oui, lorsque nous essayons de vous alerter sur la dangerosité de la religion si elle prenait du pouvoir, vous préférez nous coller l'étiquette de fascistes islamophobes. C'est parce que nous savons de quoi nous parlons, en tant qu'Iraniens, que notre peur est très rationnelle et justifiée.

Rappelez-vous encore qu'en Iran les homosexuels étaient libres bien avant que la France ne dépénalise l'homosexualité, et que depuis 1979 et l'arrivée de l'islam au pouvoir ils finissent pendus à des grues. Et si les islamistes ont pu y parvenir, c'est bien grâce à la complicité de cette gauche « bien-pensante ». Récemment, je suis tombée sur une vidéo tournée en Cisjordanie où le journaliste demandait aux gens sur place s'ils étaient heureux de savoir qu'ils bénéficiaient d'un soutien important de la communauté LGBTQ+ partout en Occident (une vidéo de Zak Sage Fox sur Instagram). Tous les interviewés, à l'unanimité, répondaient qu'ils ne voulaient pas de leur soutien, et que chez eux, « ce genre de choses » n'existait pas.

Certains pensent que dénoncer la dangerosité de l'islamisme par ce biais est du *pinkwashing*. Encore une manière, pour eux, de se persuader qu'ils sont dans le vrai et que ceux qui les alertent essaient de les manipuler en utilisant leur orientation sexuelle. Mais la réalité est que beaucoup d'associations et de militants de la cause LGBTQ+ vivent dans un déni total et ont fait de la lutte pour le port du voile, et même pour l'islamisme, un combat humaniste avec une naïveté confondante, pour ne pas dire suicidaire.

Cette photo Instagram de Delogu a montré les limites de l'union possible entre les électeurs LFI islamiques et les autres. Malheureusement, LFI a réussi à planter quelques graines néfastes dans l'esprit de ceux qui seraient les premières victimes de l'islamisme : faire croire que la laïcité est une arme contre les musulmans, que l'apologie du terrorisme est une arme contre les militants, que l'accusation d'antisémitisme est une arme pour empêcher la défense de la cause palestinienne, que les médias sont tous à la solde des « puissants financiers » (comprenez : les juifs). Chaque jour, le parti œuvre pour creuser davantage le fossé entre les gens, créant petit à petit deux France qui s'opposent totalement.

Aujourd'hui encore, je vois certains jeunes de confession musulmane et/ou soutiens de LFI faire un parallèle ignoble entre la libération de jeunes femmes de dix-neuf ans, otages du Hamas, apparaissant sur les images avec l'entrejambe ensanglanté à la suite des viols qu'elles ont subis, l'arrière des pieds sectionnés au couteau pour les empêcher de fuir, la bouche et les vêtements ensanglantés, apeurées, choquées, entourées d'une meute de barbares qui crient « Allah akbar », les traitent de chiennes, leur disent qu'ils vont « s'en occuper ». Et celle des prisonniers palestiniens condamnés pour la quasi-totalité pour des attentats sanguinaires, des crimes, des viols, des assassinats. Leurs profils sont facilement identifiables sur X, car ils ont très souvent une tortue (symbole de Mélenchon), le drapeau de la Palestine, celui de leur pays d'origine, le triangle rouge inversé et une pastèque. Leurs profils ne contiennent que des posts de LFI et de comptes de propagande de « l'axe de la résistance ». Ainsi, on pouvait lire : « Ça va, elles sont en bonne santé », « Le Hamas les a traitées comme des reines », « Vive la résistance palestinienne ! », « Ça se voit qu'elles ont kiffé », « Elles ont enfin découvert ce que sont de vrais hommes », « Ce ne sont pas des otages, mais des sionistes », « Pourquoi ne parlez-vous pas des "otages" palestiniens » pour désigner les terroristes et criminels libérés.

LFI a fait du sionisme le symbole du suprémacisme colonial blanc, piétinant volontairement les réalités historiques, allant jusqu'à nazifier les Israéliens, exactement sur la même ligne idéologique que Khamenei, Nasrallah ou Sinwar.

Nous élever contre LFI, en parler à nos enfants quand ils en ont l'âge, voter, dénoncer, écrire sur les réseaux sociaux est notre affaire à tous. Nous devons collectivement œuvrer pour ne pas les laisser scinder notre société de manière irréversible. On ne peut être crédible dans sa lutte contre un extrême lorsqu'elle est de droite et se taire lorsqu'elle est de gauche, alors que l'une n'est pas moins dangereuse que l'autre.

N'oublions jamais qu'une majorité silencieuse a laissé une minorité militante d'islamistes et de marxistes détruire l'Iran. Que dans un pays aussi moderne et aussi « occidentalisé », tout a basculé. Malgré les alertes du shah concernant la dangerosité de l'alliance rouge et noire, ils ont pu agir et nous plonger dans la pire dictature de l'histoire moderne.

Aucun droit n'est garanti éternellement, aucune démocratie n'est à l'abri du pire si nous nous reposons sur nos acquis. Je ne vous dis pas que notre démocratie est en danger de disparition, mais que certains peuvent profondément la fragiliser et faire reculer nos libertés et nos valeurs républicaines, qui sont déjà attaquées partout, y compris dans nos écoles.

LFI n'est plus un parti comme les autres. C'est une arme idéologique au service d'un homme prêt à tout pour le pouvoir, y compris à détruire son pays.

Conclusion

Lorsque j'ai signé l'écriture de ce livre, je pensais qu'il ne parlerait que de l'Iran, de mon vécu de militante d'origine iranienne, mais je réalise que je ne suis pas juste une femme iranienne qui se bat pour la liberté de son peuple. Je suis tout autant une Française profondément patriote et laïque qui souffre de voir son pays d'adoption courber l'échine face à des ennemis intérieurs et extérieurs.

Je porte en moi beaucoup de colère et de tristesse. Je souffre du manque viscéral de mon pays, de la douleur de mon peuple, de l'inaction, voire de la complaisance des pays dits « libres » envers nos bourreaux.

Et je suis en colère contre tous ceux qui ont la chance de vivre dans un merveilleux pays libre, démocratique et universaliste comme la France et qui, au lieu d'être reconnaissants et de chercher à y vivre en paix, s'évertuent chaque jour à le détruire.

Je ne peux me résoudre à rester silencieuse quand je vois notre culture, nos écoles, nos principes et nos valeurs attaqués par ceux-là mêmes qui m'ont arrachée à ma terre, détruisant une grande nation qui avait un destin incroyable qui l'attendait.

La propagande, les *fake news*, les leviers de l'anti-impérialisme et l'anticolonialisme, les réseaux sociaux, les luttes antiracistes et féministes, l'antisémitisme et l'instrumentalisation des conflits sont autant d'armes qu'utilisent les autocrates et les populistes pour affaiblir l'Occident de l'intérieur. Ils retournent nos valeurs contre nous, et c'est à nous de ne pas les laisser faire.

J'appelle, chaque jour, à un sursaut collectif. Non pas pour sombrer dans une autre forme d'extrémisme, mais pour agir, chacun à notre échelle, pour ne plus rien laisser passer. Ne pas normaliser ce qui va à l'encontre de nos valeurs, ne plus trembler à l'idée d'être étiquetés d'islamophobes ou de fascistes.

Défendre la laïcité à l'école, refuser l'entrisme, dénoncer le militantisme d'extrême gauche, barrer la route aux indigénistes, promouvoir le vivre-ensemble, dénoncer toutes les idéologies néfastes même quand elles sont religieuses. Ou devrais-je dire surtout quand elles sont religieuses. Toutes ces actions ne sont pas fascistes. Bien au contraire.

Elles sont salutaires et indispensables au vu de la période que nous vivons.

Le combat des Iraniens pour la liberté porte toutes ces valeurs qui nous sont si chères. Rappelez-vous que ce n'est pas uniquement la révolution des femmes iraniennes, même si elles sont doublement réprimées en raison de la charia. C'est la lutte de tout un peuple contre un régime sanguinaire qui œuvre chaque jour pour déstabiliser le monde.

Nous tenir aux côtés des Iraniens, c'est faire honneur à nos principes français, mais c'est aussi nous protéger de l'avancée inquiétante des idéologies autocratiques et islamiques.

Les questions personnelles que l'on me pose le plus depuis deux ans sont : « Que feras-tu, une fois que l'Iran sera libre ? Retourneras tu y vivre ? Voudrais-tu y faire de la politique ? »

Pour répondre à cette question, j'aimerais commencer par citer quelques phrases d'Atiq Rahimi, un grand écrivain d'origine afghane réfugié en France, né le 26 février 1962 à Kaboul, dans une famille très attachée à la littérature classique perse :

> « Mon pays a sombré dans la terreur de la guerre, dans l'obscurantisme, et, là-bas, j'ai perdu les clefs de mes songes, de ma liberté, de mon identité… Aussi l'ai-je quitté en espérant retrouver mes clefs là où il y a de la lumière, de la liberté, de la dignité… tout en sachant

que je ne les retrouverai jamais. Toute création en exil est la recherche permanente de ces clefs perdues. »[1]

J'aime profondément la France. Ce pays m'a adoptée et m'a offert une vie que je n'aurais jamais pu avoir en Iran. J'y ai vécu plus de quarante ans et je lui en serai toujours reconnaissante. Mais l'appel de mon pays natal est très fort.

Mon lien avec l'Iran a toujours été intime, profond et vital. Je me revois pleurer avec ma mère à un concert de Gougoush à Paris, pleurer pour mon pays, pour mon peuple et pour la douleur d'avoir toujours dû vivre loin de ma terre. Je regardais alors autour de moi et je réalisais que nous étions des milliers à verser des larmes, partageant la même peine, celle de l'exil. On ne guérit jamais d'une vie d'orphelin de sa patrie, même quand on est arrivé très jeune dans son pays d'accueil. Parfois, une odeur, une image, une saveur me plongent dans une tristesse profonde parce qu'elles me rappellent l'Iran. Je crois qu'on ne peut pas lutter contre le sang qui coule dans nos veines.

Quitter son pays par choix pour aller découvrir de nouveaux horizons ne peut être comparé avec la souffrance vécue de savoir son pays meurtri et de devoir l'abandonner pour survivre. Depuis plus

1. *La Ballade du calame*, 2015, L'Iconoclaste.

de deux ans, ce sentiment est exacerbé. Je me suis donnée corps et âme pour porter cette lutte. J'y ai laissé beaucoup de plumes psychologiques, familiales, financières et professionnelles.

Mais rien ne pourra arrêter ma volonté de continuer jusqu'à la libération de l'Iran. Je n'ai pas le pouvoir d'agir sur place, mais le courage de la jeunesse iranienne m'oblige. Lorsque je parle avec eux, avec les familles de victimes, avec ceux qui ont perdu un œil, qui ont été mutilés, torturés ou violés durant les manifestations, je me sens minuscule. Je m'en veux de ne pouvoir en faire davantage pour les aider. Je m'en veux de ne pas réussir à convaincre notre exécutif de se tenir à leurs côtés pour le bien de tous.

La seule chose qui me permet de ne pas sombrer, c'est de me dire que j'agis, que j'apporte ma contribution à notre lutte. Ce qui me donne la force de continuer est d'imaginer ce jour où la République islamique tombera, où je verrai la joie de millions d'Iraniens éclater sans crainte. Je les verrai danser librement dans les rues, arracher ce maudit drapeau du régime et, enfin, pouvoir être souverains dans leur propre pays.

J'ai imaginé des centaines de fois à quoi ressemblerait ce moment. Comment je réagirais. Et puis, chaque fois, la suite est la même. Je me vois dans cet avion Iran Air, entourée de mes sœurs de lutte de Femme Azadi, nos drapeaux du lion et du Soleil dans les mains, prêtes à décoller pour Téhéran. Un commandant de bord qui souhaite la bienvenue à tous et annonce un décollage imminent pour un Iran libre.

Rien que de vous l'écrire, ma vue se brouille de larmes que je ne peux retenir.

Comme je rêve de ce moment où je poserai mes pieds sur le sol de mon pays que je n'ai pas vu depuis douze ans. Je marcherai pour la première fois, cheveux au vent, librement. Plus de police des mœurs, plus de bassijis, plus de Belphégor en tchador, plus d'affiches à la gloire de Khomeini, de Khamenei ou de terroristes, plus d'oppression ni de peur. La liberté... rien que la liberté.

Je rêve de découvrir chaque région de l'Iran. Même si j'ai eu la chance de voyager dans de nombreuses villes, il me reste tant à découvrir.

J'aimerais ne plus jamais avoir à quitter mes racines, ma terre, ma patrie. Apprendre à la connaître dans les moindres détails, prendre le temps de parler à mon peuple, partager sa joie, aider à la reconstruction du pays. Plus de politique, plus de militantisme, plus de lutte. Juste le bonheur de le voir libre.

Et ce projet fou, partagé avec mes douces Reihaneh et Nassim, amies et membres de Femme Azadi, qui se battent à mes côtés depuis le premier jour : vous faire découvrir notre magnifique pays.

Voici l'avenir dont nous rêvons : ouvrir une agence de voyages pour vous transmettre notre amour de l'Iran, la beauté de ses paysages, la richesse de sa culture, l'hospitalité de son peuple, la douceur de sa musique, l'excellence de sa gastronomie. Permettre à nos compatriotes français de rencontrer nos compatriotes iraniens. Je sais déjà à quel point vous allez bien vous entendre.

En attendant ce jour, je continuerai mon combat pour toutes les valeurs qui nous sont chères.

Quand tout a commencé, en septembre 2022, je pensais devoir courir un sprint, je sais désormais que ce sera un marathon. C'est dur, long et éprouvant, mais je continue à croire que le peuple iranien franchira la ligne d'arrivée.

Et comme le disent les Iraniens : « Nous sommes un grand peuple, nous récupérerons l'Iran. »

Merci à vous pour votre soutien, votre bienveillance, vos encouragements, votre humanisme et votre solidarité au quotidien.

Bien à vous,

Mona.

Cet ouvrage a été composé
par Nord Compo à Villeneuve-d'Ascq
et achevé d'imprimer sur Roto-Page en avril 2025
par l'Imprimerie Floch à Mayenne
pour le compte des Éditions Stock
21, rue du Montparnasse, 75006 Paris
stock@editions-stock.fr

Stock s'engage pour
l'environnement en réduisant
l'empreinte carbone de ses livres.
Celle de cet exemplaire est de :
500 g éq. CO_2
Rendez-vous sur
www.editions-stock-durable.fr

PAPIER CERTIFIÉ

Imprimé en France

Dépôt légal : avril 2025
N° d'édition : 01 – N° d'impression : 106788
30-07-0678/2